UMA HISTÓRIA DO MUNDO

COMO SE FORMOU A PRIMEIRA CIDADE
COMO NASCEU O PRIMEIRO DEUS ÚNICO
COMO FOI INVENTADA A CULPA

DAVID COIMBRA

UMA HISTÓRIA DO MUNDO

COMO SE FORMOU A PRIMEIRA CIDADE
COMO NASCEU O PRIMEIRO DEUS ÚNICO
COMO FOI INVENTADA A CULPA

L&PM EDITORES

Texto de acordo com a nova ortografia.

Capa: Marco Cena
Preparação: Jó Saldanha
Revisão: Simone Diefenbach

CIP-Brasil. Catalogação na Fonte
Sindicato Nacional dos Editores de Livros, RJ

C633h

Coimbra, David, 1962-
Uma história do mundo: Como se formou a primeira cidade. Como nasceu o primeiro deus único. Como foi inventada a culpa. / David Coimbra. – Porto Alegre, RS: L&PM, 2012.
272p. : 21 cm

ISBN 978-85-254-2714-4

1. Relação homem-mulher. 2. Civilização - História. I. Título.

12-5103. CDD: 909
CDU: 910(100)

Rua Comendador Coruja 314, loja 9 – Floresta – 90220-180
Porto Alegre – RS – Brasil / Fone: 51.3225.5777 – Fax: 51.3221.5380

Pedidos & Depto. comercial: vendas@lpm.com.br
Fale conosco: info@lpm.com.br
www.lpm.com.br

Impresso no Brasil
Primavera de 2012

Sumário

1

Neandertal, o solteiro feliz

Mas como foi que derrotamos os neandertais? Trata-se de profundo mistério. Eles tinham tudo para nos vencer. Nós, que digo, somos os sapiens sapiens, os "homens duplamente sábios". Verdade que fomos nós mesmos que nos pespegamos esse nome, mas, enfim, talvez seja merecido. Afinal, só nós sobramos dentre todas as espécies de homos: os pitecos, os erectus, os habilis e tantos mais. Logo, se o critério for a evolução de resultados, somos mesmo duplamente sábios.

Só que bater os pitecos, os habilis e os erectus foi fácil. Alguns deles se erguiam a pouco mais de metro de altura, a maioria possuía cerebrozinhos deste tamanho e, o principal, nenhum deles desenvolveu a mais eficiente de todas as ferramentas humanas: a linguagem.

Mas com os neandertais era diferente.

Com os neandertais, o osso era mais duro e o arroz era mais solto.

Um neandertal. Imagine um vindo em sua direção: não muito alto, mas também não se podia dizer que fosse um Romário: 1 metro e 65, em média. Forte, retaco e compacto como um buldogue, uns 100 ou 120 quilos de músculos poderosos envolvendo ossos sólidos. Feito um Mike Tyson, só que mais largo e mais baixo. E de pele leitosa – peles claras absorvem melhor os raios de sol, providencial para quem vive em lugares frios como a Alemanha, onde foi descoberto o primeiro esqueleto neandertal, mas um problema se você precisa viver a vida praiana sob uma canícula de 40°C em Copacabana e não tem sempre à mão o protetor solar fator 60.

Esse neandertal que avança com resolução ameaçadora para você, ele talvez leve à mão um instrumento cortante, um machado de pedra ou uma lança de sua própria lavra – ele é engenhoso, ele constrói. E o mais relevante: alguns cientistas especulam que o neandertal sabia falar.

No entanto, mesmo munido de todos esses equipamentos, o neandertal sumiu. Por 70 ou 80 mil anos, conviveu conosco – os outros homos já haviam se evanescido na poeira dos milênios. Éramos nós e eles, ninguém mais.

Importante: o neandertal não foi nosso antepassado. Ele era, simplesmente, diferente. Tratava-se de outro tipo de homem, que não foi absorvido, que não se mesclou ao homem moderno; que foi extinto.

Isso é de fato intrigante. O gênero humano existe há bem 3 milhões de anos, ou mais. Mas aqueles antigos hominídeos foram se extinguindo, como se extinguiram os dinossauros, os pterodátilos e o pássaro dodô. O que pode levar à conclusão de que a extinção de algumas espécies é um processo natural da evolução. Será que devemos tentar mesmo preservá-las? Não tenho certeza a respeito de todas. De algumas, sim. O bacalhau. Dizem que o bacalhau está desaparecendo das águas geladas do Mar do Norte, na branca Noruega. Não quero viver num mundo sem bacalhau. Não quero me contentar com filezinho de cação salgado em vez do bacalhau à Gomes de Sá.

Seja como for, suponho que algumas espécies tinham mesmo de se retirar do planeta. Como seria o mundo hoje, se todos os tipos de homem tivessem sobrevivido? Como seria a nossa convivência com homúnculos de um metro de altura que mal conseguissem articular uma frase? Seriam por nós considerados humanos? Haveria possibilidade de nos cruzarmos com eles?

Com o neandertal isso pode ter ocorrido. Alguns cientistas desconfiam que haja traços de neandertal em certas pessoas do século XXI. Quer dizer: pode ter havido relação amorosa entre um neandertal e uma sapiens sapiens. O contrário, um sapiens sapiens pegar uma neandertal, duvido que ocorresse. Um sapiens sapiens, delgado, algo quebradiço, não se agradaria de uma mulher tão mais vigorosa do que ele. E ela tampouco se sentiria atraída por aquele ser frágil, menos másculo do que ela. Mas um neandertal encantar uma sapiens sapiens, isso é totalmente lógico. Conheço muitas mulheres que adorariam se repoltrear com um neandertal de bom tamanho. Imagine o drama. Os pais da sapiens sapiens não aceitando a relação, dizendo que o neandertal não era homem para ela. O filho dessa união sendo discriminado na caverna. Realmente, acredito nessa possibilidade. Deve haver descendentes de neandertais por aí. Suspeito de um antigo zagueiro do Guarany de Bagé e do pai de uma ex-namorada minha.

De qualquer maneira, direta ou indiretamente, seja pela guerra, seja pela consumpção de recursos vitais, nós, sapiens sapiens, exterminamos os neandertais. Há mais ou menos 280 ou 290 séculos que não se tem notícia do neandertal, o que é um zapt-zupt em termos de tempo biológico.

Como conseguimos?

Se não foi a força física, se não foi a inteligência superior, se não foi a habilidade da fala, se nada disso nos auxiliou a derrotar os neandertais, o que nos deu tal vantagem?

Direi.

As nossas fêmeas.

Os neandertais eram muito mais masculinos do que nós. Um neandertal, o que ele fazia era sair em bandos de machos para caçar, pescar, arrastar uma fêmea pelos cabelos, pegá-la no colo, jogá-la no solo e fazer dela mulher. O neandertal não arava a terra, não acumulava e não constituía família. Um neandertal aproveitava o dia, não se preocupava com o futuro, não meditava sobre a existência, não se angustiava ou ficava ansioso.

O neandertal era um homem como um homem deve ser.

Um neandertal jamais iria ao analista "para se conhecer melhor". Um neandertal, se lesse Virginia Woolf, ficaria mareado. Um neandertal não beberia clericot.

Nós, os sapiens sapiens, por que fazemos tudo isso? Por causa das mulheres sapiens sapiens. As neandertais decerto adoravam sexo total e grupal, no lodo dos rios, no alto dos cômoros, na imensidão da savana. As sapiens sapiens é evidente que não. O que as sapiens sapiens queriam era criar os filhos. Para isso precisavam constituir famílias. Para isso precisavam domesticar os machos.

E elas o fizeram.

Enquanto os homens saíam para caçar, pescar e coletar, elas cuidavam das crianças. No recesso do lar ancestral, elas tiveram tempo para domesticar alguns animais que os homens haviam trazido para o abate e para observar como uma semente, rojada ao solo, cresce, transforma-se em planta adulta e dá frutos de comer. As mulheres, então, ensinaram aos homens as facilidades da criação dos animais em cativeiro, tornando prescindíveis as divertidas e perigosas caçadas. Inventaram a agricultura, tornando impossíveis os alegres deslocamentos por serras, praias e florestas. Fundaram a civilização, enfim, e nos deram a política, a economia e os esportes para nos distrair.

Tudo isso elas planejaram, mas havia ainda um obstáculo a ser transposto: o neandertal. A liberdade máscula de um neandertal era um péssimo exemplo. Como se ele fosse uma espécie de solteiro das idades primevas. Você já notou como um homem solteiro, que gosta da vida de solteiro, perturba as mulheres casadas? O objetivo de todas as mulheres é casar todos os homens, é reduzi-los à mansa submissão dos domingos em frente à TV, dos jantares com casais, das festas de aniversário de crianças. Um homem solteiro, satisfeito com a solteirice, que se diverte e ri e bebe com os amigos e cativa outras mulheres e não reclama da solidão, esse homem é o fracasso das mulheres. Foi por isso que elas inventaram o amor romântico. Uma invenção recente, aliás. O amor romântico deve o seu prestígio à Idade Média, quando o cristianismo temperou o sexo com a culpa e elevou o espírito em detrimento da carne. O cristianismo tornou vulgar o prazer e sublime o sentimento. É a ideologia que embala as almas norte-americanas e rege o mundo do século XXI.

Veja os filmes no cinema. Ouça as músicas no rádio. De quem falam uns e outras? Do amor romântico. Nunca, na história da humanidade, o amor romântico foi tão incensado. Transformou-se em uma das formas, se não na principal forma, de dar sentido à vida humana neste Vale de Lágrimas.

Bem. Um neandertal não precisava procurar o sentido da sua vida, porque o sentido da sua vida era viver. Ele comia, ele dormia, ele se divertia com os amigos, ele possuía as mulheres que desejava. Um neandertal era um solteiro!

Para as sapiens sapiens, um neandertal, como um solteiro, urgia ser eliminado. Assim, as sapiens sapiens incitaram os homens sapiens sapiens a se organizar para acabar com os neandertais.

Então, volto à pergunta com a qual abri o texto:

Como nós, sapiens sapiens, conseguimos derrotar os mais robustos neandertais?

Responderei no próximo capítulo.

2

O ócio feminino matou o neandertal

A natureza trabalhou com afinco em suas tarefas evolutivas até que a espécie humana atingisse o apogeu genético e produzisse a Megan Fox. Mas, biologicamente falando, o homem sapiens sapiens que cem mil anos atrás roncava sobre o solo duro de pedra de uma caverna da Espanha era igualzinho ao publicitário de rabo de cavalo que beberica clericot nos bistrôs do século XXI. A diferença, portanto, está no espírito, nos costumes, na maneira de viver.

Na cultura.

O que acicatou essa mudança?

O que tornou o homem o que ele é?

É aí que voltamos ao nosso amigo neandertal. Durante milênios, mais precisamente cem deles, talvez duzentos, não passando de trezentos, o sapiens sapiens e o neandertal experimentaram o mesmo estilo de vida. Ambos eram caçadores e coletores. Quer dizer: viviam do que lhes oferecia a natureza, não produziam nada. O trabalho ainda não havia sido inventado.

Aquele chiste popular, "quem inventou o trabalho não tinha o que fazer", provavelmente está certo. A invenção do trabalho foi fruto da reflexão, que é fruto do ócio.

Durante mais de 2 milhões de anos, porém, o homem não trabalhou (alguns cientistas recuam a existência de tipos humanos a 6 milhões de anos, mas sejamos modestos, fiquemos em dois). Dois milhões de anos de alegre vadiagem. No máximo, o homem lascava algumas pedras para usá-las como ferramentas rudimentares e ajudá-lo nas caçadas, que, é evidente, não poderiam ser consideradas trabalho. As caçadas paleolíticas não serviam para produção, eram atividades de sobrevivência. Tal qual ocorre com os tantos predadores da natureza. Um leão não trabalha, quando campana um gnu, persegue-o, pula sobre ele e lhe arranca um naco do pescoço. Não. O leão apenas se alimenta. Então, os homens da Idade da Pedra vez em quando desbastavam uma rocha para transformá-la em cabeça de machado ou ponta de lança – um trabalhinho. Mas isso era muito de vez em quando. No mais, sapiens sapiens e neandertais viviam para comer e se reproduzir, como quaisquer outros animais do planeta. Foi como um dia resumiu Freud: tudo na vida é casa, comida e sexo.

E é.

O homem tinha casa, comida e sexo sem restrições, por isso não mudava a sua forma de viver. Você aí, que lê os classificados, que assiste ao *Jornal Nacional*, que faz buscas no Google, que dirige seu carro e preme os botões do controle remoto, você tem de entender que essa sua vida sofisticada é recente no mundo. Tem a idade de 10 ou, no máximo, 12 mil anos, enquanto que a existência caçadora e coletora durou, vou repetir, MAIS DE 2 MILHÕES DE ANOS.

Por que durou tanto?

Porque era bom.

O Paleolítico era uma festa.

Era uma vida despreocupada, compreende? Como já disse, havia comida em abundância, cavernas para se abrigar, água de beber. O sexo, o homem cometia quando bem entendia, sem objeções morais, sem considerações sentimentais, sem oposições outras que não o próprio móbil do sexo, que é a vontade.

Cobranças conjugais? Não existiam. Sabe por quê? Porque não existia casamento. Nem família existia. Porque o homem, e por homem, aí, me refiro ao gênero masculino, não à mulher, o homem não sabia que fazia filhos. Ou pelo menos não relacionava a função sexual com a reprodutiva. De repente, uma fêmea aparecia grávida. O que ocasionara aquela prenhez? Ninguém sabia com certeza. Ainda hoje há tribos indígenas que desconhecem o papel masculino na reprodução e tecem diversas teorias acerca da fecundidade feminil – por causa da lua cheia, por causa de banhos de rio em determinada época, picada de mosquito etc.

Além disso, por favor, ninguém ia pensar em ser monogâmico no Paleolítico. Uma mulher mantinha intercursos com vários homens, ou até com TODOS os homens das imediações, como se só houvesse Paris Hiltons no mundo. Logo, a família também não tinha sido inventada. As pessoas se reuniam em clãs. Trinta ou quarenta indivíduos rodando pelo planeta, os homens caçando e pescando, as mulheres cuidando dos filhos, tudo muito tranquilo.

Do que mais precisava o homem?

De nada.

Tendo ao alcance de um braço tudo o que desejava, o homem não pensava no futuro, vivia no presente e para o presente. Não pensando no futuro, o homem não se angustiava. Não se angustiando, o homem não tinha problemas existenciais, depressão, aflições em geral, banzo.

Os psicanalistas teriam dificuldade de encontrar freguesia naquele tempo.

Alguém aí pode argumentar que o homem era uma presa dócil de intempéries e desastres naturais, devido ao precário desenvolvimento tecnológico. É justamente o contrário. Desastres naturais pouco afetavam o homem primitivo. Enchentes, por exemplo. Se um rio desbordasse de suas margens, o homem singelamente desmontava o acampamento em que se instalara e se mudava para uma região mais alta. Se um período de seca sobreviesse, ele se transferia para uma região mais amena. O homem era nômade, não conhecia a ideia de propriedade, não possuía roupeiros, camas, fogões, geladeiras e tevês de plasma para levar consigo. Não precisava contratar caminhão de frete para fazer mudança, se quisesse se deslocar de um ponto a outro do planeta. Aliás, planeta mesmo: ninguém exigia passaporte em fronteira alguma, porque fronteiras não existiam. Assim, o sapiens sapiens saiu da mãe África e derramou-se pelo globo ao sabor das conveniências.

Surge de novo, então, a pergunta fulcral: por que abandonamos aquele estilo de vida? Por quê, meu Deus? Por quê???

Por causa das nossas mulheres.

As ardilosas sapiens sapiens.

Porque é o seguinte: como já sublinhei, frisei e destaquei parágrafos antes, a espécie humana caminha sobre dois pés pela superfície acidentada da Terra há 2 milhões de anos, talvez mais. O sapiens sapiens, que somos nós, e o neandertal, já extinto, apareceram há pouco tempo: 100 mil anos, embora alguns cientistas falem em 300 mil anos. Vamos ficar com um número redondo: 100 mil. O neandertal desapareceu há 28 ou 29 mil anos. Vamos arredondar de novo: 30 mil. Fez os cálculos? Por 70 mil anos, no mínimo, sapiens sapiens e neandertais partilharam o planeta. Bem. A agricultura foi inventada há não mais do que 10 mil. Portanto, não foi a agricultura que derrotou o neandertal. O que houve nesses 20 mil anos de interregno, que liquidou com nossos primos?

Já vou dizer.

Foi uma sutil transformação, também patrocinada pelas mulheres. Descrevê-la-ei.

Assim:

Durante aqueles já referidos 70 mil anos de convivência, os dois últimos tipos de seres humanos existentes debaixo do sol, eles, neandertais, e nós, sapiens sapiens, vivemos caçando e coletando. Importante: os homens caçavam, mas não criavam animais. Não os tinham domesticado, tampouco os mantinham em cativeiro para abate. Tão somente os procuravam em seus habitats, matavam-nos e os comiam.

Só.

Em algum momento, porém, um casal de filhotes deve ter sido poupado para diversão das crianças. Esse casal cresceu e se acostumou ao convívio com os seres humanos. E mais importante: crescido, cruzou e reproduziu. Quem estava lá para ver isso tudo acontecendo?

A mulher.

Sim, a mulher é que ficava com os filhos na caverna, na clareira, à beira do rio, onde quer que fosse que o clã acampava, enquanto os homens se divertiam e morriam nas caçadas.

A mulher testemunhou a adaptação do primeiro casal de animais ao meio humano. Que casal foi esse? Que espécie de animal? Difícil saber. Lobos, provavelmente. O lobo é o ancestral de todos os cães, até daquele poodle metrossexual da síndica do seu edifício. Os lobos serviram ao homem primitivo e foram reduzidos a cachorros com o transcorrer dos milênios. Aquele cachorrinho minúsculo da Gisele Bündchen, que ela chama de, argh, "Vida", aquele cachorro também descende dos lobos, acredite.

Que seja.

O fato é que a mulher viu como os, vá lá, lobos copulavam e, copulando, se reproduziam. Com isso, aprendeu. Tirou várias conclusões:

1. Que aqueles filhos que um dia lhe intumesceram o ventre decerto tinham sido concebidos graças ao intercurso que ela manteve com um dos homens do clã naquelas baladas loucas da caverna.

2. Que é possível domesticar um animal.

3. Que o animal pode ser criado em cativeiro para ser mais tarde abatido e comido, tornando supérfluas as irritantes saídas dos homens para as caçadas.

Agora um parêntese:

(Você, que joga futebol, repare como sua mulher fica inquieta quando você sai para jogar com os amigos. Não é por ciúme, não é na intenção de preservar sua integridade física das botinadas dos zagueiros toscos. Nada disso. É a angústia primeva que volta a se manifestar. É a ânsia velha de miríades de séculos, que palpitava quando as fêmeas viam seus machos saírem para as caçadas, para expedições que duravam dias ou semanas, quiçá meses, e das quais talvez eles não retornassem. Essa sua mulher que se apoquenta ao vê-lo partir para jogar bola, ela é a mulher da Idade da Pedra.)

Fechado o parêntese, sigamos.

Tudo isso a mulher aprendeu. Ela ensinou o sapiens sapiens a domesticar e a criar animais. E mudou o mundo primitivo. Porque alguns animais domésticos, como o supracitado lobo, passaram a auxiliar o homem a caçar outros animais. E porque o homem, ao manter os animais em apriscos, jaulas, currais ou galinheiros, começou a dispor de excedente de carne. Mas de que adiantava ter carne sobrando, se a Brastemp ainda não fora fundada e não havia freezers à venda? O homem necessitava de uma forma de conservar a carne. Sabido, descobriu que podia fazer isso salgando-a. Nas terras frias, os homens cavavam buracos no solo e depositavam a carne em geladeiras naturais mais eficientes do que uma de segunda mão que comprei em um brique quando morava em Santa Catarina.

Como descobrira formas de conservar a carne, o homem decidiu intensificar as caçadas. Desenvolveu armas poderosas, como a funda e o arco e flecha, bem como táticas arrasadoras: os sapiens sapiens erguiam muros de pedras em áreas enormes, de quilômetros de extensão. Esses muros iam se afunilando até acabarem em uma clareira cercada – um matadouro. Os animais eram dizimados. Inúmeras espécies simplesmente deixaram de existir devido a essa matança. Uma delas foi um veado gigante, pouco menor do que um elefante, dono de chifres com três metros e meio de comprimento, de uma ponta a outra.

A ferocidade dos sapiens sapiens aumentava a cada caçada, assim como sua destreza no manejo das armas e a tecnologia para desenvolvê-las. As manadas que nutriam as duas raças de homem, o sapiens sapiens e o neandertal, foram escasseando. Mas o sapiens sapiens criava animais, tinha como se sustentar. O neandertal, não. O neandertal aferrou-se à existência nômade e livre. Continuou a viver como sempre viveu.

Foi o seu fim.

O neandertal extinguiu-se por não poder enfrentar a guerra tecnológica do sapiens sapiens e porque o sapiens sapiens suprimiu-lhe a forma de vida ao liquidar com as manadas do mundo antigo. Ao mesmo tempo, com o fim da Era Glacial, as calotas de gelo recuaram para os polos e as áreas amplas foram se transformando em florestas, tornando ainda mais raros os grandes animais que corriam pela vastidão das planícies. O neandertal não tinha mais como se alimentar. O neandertal morreu.

Por causa da mulher.

Vinte mil anos ainda se passariam antes que a mulher, sempre ela, descobrisse a agricultura, observando as sementes que caíam no solo e germinavam e transformavam-se em plantas de comer. Com essa descoberta, ela inventaria a civilização. Tudo ia começar.

3

Como foi inventada a monogamia

Monogamia é coisa de mulher. Mas hoje, você, homem, também se vê obrigado a ser monogâmico. Obrigado, no caso, no sentido moral. Hoje é feio não ser monogâmico. Não pecaminoso, não ilegal, nem mesmo imoral; feio. E de mais não precisa para oprimir e constranger e até mesmo escravizar. Sim, você se transformou em um escravo da monogamia.

Claro que sei que existem homens que são... são... oh, Deus, tremo só de escrever essa palavra, mas escrevê-la-ei ainda assim, em nome da objetividade do texto, para ser bem compreendido pelos meus pudicos leitores, para que a história flua, então, a contragosto digo que sei que alguns homens são... infiéis!

Sério.

São.

Confesso, pejado, que conheço um homem que trai a mulher.

Por Deus, trai.

Esse meu censurável conhecido, ele não seria censurável tempos atrás. Lembre-se dos primeiros 2 ou 3 milhões de anos da humanidade, sobre os quais tanto escrevi em linhas passadas. Dois milhões de anos de caça, coleta e festa, em que não havia casamento, família ou propriedade. Dois milhões de anos em que o homem não supunha ter participação na reprodução e em que todos no clã mantinham intercurso sexual sem restrições, vergonha ou camisinha. Ninguém era de ninguém naquele tempo sensato.

Certo.

Vimos que esse período, o da caça e da coleta, foi alterado quando o homem descobriu que podia criar animais para o abate ou domesticá-los para uso pessoal. Isso há recentes 30 mil anos, quando o neandertal se extinguiu suavemente da superfície da Terra. Mas as atividades de caça e coleta continuaram sendo exercidas, em sistema misto. A mudança realmente radical, o marco da civilização, ocorreu há 10 mil anos, quando foi inventada a agricultura.

A mulher, no recesso do lar primevo, viu que as sementes, rojadas ao solo, germinavam, cresciam e davam frutos de comer. Quer dizer: as plantas, como os animais, poderiam ser domesticadas. A mulher mostrou ao homem que, em se plantando, tudo dá. O homem começou a cultivar o solo, a colher no tempo certo e a reforçar sua dieta. Com a agricultura, o homem não precisava mais se mudar a todo momento a fim de sobreviver.

Agora uma pausa.

Neste ponto, exatamente no instante em que o homem abandona o nomadismo e adere ao sedentarismo, precisamente aí faz-se necessária uma reflexão. É que a vida sedentária goza de sólida unanimidade na sociedade. Já li e ouvi muito sobre as dificuldades do nomadismo, sobre os perigos e incertezas de uma existência sem endereço definido.

Não estou certo disso. Havia inúmeras facilidades na vida nômade, caçadora e coletora. Era uma vida mais simples. Porque cultivar o solo não é uma atividade nada fácil, como sabe qualquer colono do interior do Tocantins. Você tem que acordar de madrugada, tem que se submeter a uma rotina excruciante, tem que calejar as mãos sob o sol inclemente ou debaixo de frio enregelante. Em resumo, tem que trabalhar duro.

Trabalhar é chato. Não é por outro motivo que inventaram a escravidão e o salário mínimo. Por que, então, o homem preferiu a agricultura e abandonou o nomadismo? Por que preferiu o trabalho massacrante da civilização à vadiagem álacre do Paleolítico?

Aí está. Por causa da inércia. O homem busca a rotina, mesmo que a rotina seja maçante.

Porque a rotina lhe dá segurança.

O homem prefere as certezas da prisão às dúvidas da liberdade.

Há uma história de Philip Marlowe, o detetive de Raymond Chandler, que ilustra o que digo. Esta:

Uma bela mulher pisa com seus elegantes escarpins salto quinze no tapete puído do escritório de Marlowe. Senta-se, cruza as pernas, puxa uma longa piteira da bolsa e começa a falar com sua voz rouca, enquanto a fumaça azul da cigarrilha se transforma em um véu diáfano diante de seu rosto. Ela é casada, tem dois filhos, e se passaram já quatro anos desde que o marido desapareceu. Fez de tudo para achá-lo. Em vão. Não há motivos aparentes para o sumiço, não há corpo, ele não tinha inimigos. Não há pista alguma, portanto. O homem simplesmente saiu para trabalhar e não voltou mais.

Marlowe aceita o caso e sai a procurar o marido evanescido. Depois de algumas peripécias, encontra-o em outra cidade, em outro estado. Identifica-o e o interroga.

Mais do que pretender levá-lo de volta, quer saciar a curiosidade. Por que ele foi embora? O homem conta sua história: não havia nada de errado em sua vida, não havia queixas, nem razões para ir-se. Deu-se que, uma manhã, ele saiu de casa para ir trabalhar, como todas as outras manhãs antes daquela. Caminhava pela calçada, quando uma viga de ferro desabou do alto de um edifício em construção. A viga mergulhou na vertical e, como uma bomba, abriu um buraco na calçada a um metro de distância dele. Aquilo o desnorteou. Sem fazer qualquer reflexão profunda, ele continuou andando a esmo, pensando somente que poderia ter morrido, que aquele poderia ter sido o seu último dia. Não foi ao trabalho, ir ao trabalho não tinha sentido depois do ocorrido. Seguiu caminhando. Caminhou e caminhou, até a estação de trem, onde comprou uma passagem para uma cidade, qualquer cidade, não importava. O que ele queria era mudar.

Foi isso, nada mais do que isso. Porém, nessa outra cidade, o homem arranjou trabalho, o mesmo que exercia até então. Depois, conheceu uma mulher, não muito diferente da que deixou. Apaixonou-se. Casou-se. Teve dois filhos. Ou seja: na nova cidade ele reproduziu a vida anterior. Queria mudar, queria ser outro, mas o dia a dia, as coisas pequenas da vida, a força da rotina fez com que ele fizesse tudo como sempre havia feito.

É assim que é. O homem só vive tranquilo se sabe o que o dia nascente lhe reserva. Ele pode sonhar com a novidade, com a liberdade, com o descompromisso, mas esse é o sonho; a realidade cinzenta de cada dia, a soma vagarosa, quase entediante, das ações comezinhas é que faz com que ele construa algo, com que ele se sinta humano.

A agricultura, ao fixar o homem ao solo, retirou-lhe a aventura e a liberdade, mas conferiu-lhe a segurança dos dias iguais. Além disso, há que se considerar o peso da idade. Mais bem alimentado, graças à criação de animais em cativeiro, o homem passou a viver mais. Vivendo mais, provou os efeitos da experiência e da maturidade, sim, mas também os da decadência física. Quanto mais velho, mais necessidade tem o homem das comodidades do sedentarismo. Logo, a agricultura veio a calhar.

O problema é que a vida agrícola depende essencialmente da terra. Isto é: o homem precisava ter a terra, para plantar.

Eis o verbo decisivo: ter.

Até então, o homem não tinha nada. O macho, nem filhos ele tinha. Os filhos pertenciam às fêmeas. O homem não tinha bens, não tinha casa, não tinha móveis. Tinha alguns poucos utensílios pessoais que carregava com ele, mas que, se os perdesse, poderia construir novos facilmente com o que lhe ofertava a natureza: uma pedra para lascar, uma vara para afilar. Agora, o homem precisava TER. Precisava ter terra onde plantar e uma casa sobre ela para morar. Nessa casa havia de ter lugar em que dormir e comer, havia de ter instrumentos para trabalhar a terra e armas para protegê-la.

Ter. O homem, agora, tinha.

A propriedade foi um subproduto da agricultura.

E, como agora o macho sabia que ele também participava ativamente da reprodução, queria que o que acumulara em vida passasse para a sua descendência, depois de sua morte.

O conceito de herança, pois, foi um subproduto da propriedade.

Mas como o macho podia ter certeza de que o filho herdeiro era mesmo dele? Como??? A mulher podia ter essa certeza. Afinal, o filho ganhava a luz do mundo ao sair da sua barriga. Mas o homem... Como saber que a semente plantada naquele ventre era mesmo dele, numa época em que os laboratórios não faziam teste de DNA? Só existia uma forma realmente segura: obrigar a fêmea a fazer sexo apenas com ele. Donde, a invenção da monogamia.

A monogamia é um subproduto da herança.

Monogamia feminina, ressalte-se. Os homens mantinham várias mulheres. Quantas pudessem sustentar.

Agora, não pense que as mulheres foram submetidas a essa nova ordem. Não foi exatamente assim. As mulheres aceitaram bem esse arranjo.

Só que os problemas, os verdadeiros problemas, estavam começando.

4

Dos hunos brancos a Angelina Jolie

Sexo é coisa de homem. O que não significa que algumas mulheres não pratiquem a atividade por puro diletantismo. A História esfervilha de exemplos de fêmeas desse quilate. Catarina, a Grande, imperatriz de todas as Rússias, era uma. Dizia que precisava cometer sexo pelo menos seis vezes ao dia, senão ficava nervosa. Ninguém queria deixar a czarina nervosa, então os súditos a atendiam com fervor e faziam sexo com ela.

E faziam.

E faziam.

E faziam.

Talvez fosse por isso que a chamavam de "a Grande".

Outro exemplo cintilante é a greco-egípcia Cleópatra VII, apelidada com carinho de "Cheilon", que em grego significa "lábios grossos". Tinha-os grossos e sabia como usá-los, donde o seu prestígio com os romanos poderosos, como Júlio César e Marco Antônio.

O curioso é que a prática da felação não era bem conceituada na velha Roma dos saiotes para legionários. Do ponto de vista de quem praticava, ressalte-se. Quem recebia gostava, como se constata pela paixão que Júlio e Marco devotaram à rainha, bem como outras centenas (centenas!) de romanos, egípcios, gregos e núbios altos, fortes e espadaúdos que tiveram a sorte de experimentar um pouco das artes labiais da nossa heroína.

A verdade é que práticas sexuais, como quase tudo na vida, mudam de acordo com a cultura. Os índios brasileiros, por exemplo, não conheciam nem beijo na boca, e assim os portugueses, beijoqueiros dedicados, eles com seus sonetos melosos de amor é fogo que arde sem se ver e tudo mais, os portugueses fizeram vasto sucesso entre as nossas silvícolas com o cheiro do cravo e a cor da canela, quando aqui chegaram em suas caravelas.

Você sabe, mulher valoriza muito o beijo na boca, assim como valoriza os sapatos de um homem. Quando uma mulher vê um homem pela primeira vez, ela o avalia pelos sapatos que calça. Digamos numa balada: o homem chega e...

Mas estou tergiversando. O que importa, agora, são as mulheres da História que exerciam o sexo tão somente pelo prazer e pela diversão. De todas, a minha preferida é Messalina.

Ah, Messalina... Era uma loirinha magrinha e formosa. Posso imaginá-la, sim, senhor. Pequena, mas com pernas longas, ela toda longilínea. O cabelo dourado, a pele dourada, os lábios carnudos ansiando por serem beijados e mordiscados e para beijar e mordiscar. Mordisque-me, Messalina!

Messalina, sim, senhor.

Tinha tal ânsia por sexo, Messalina, que, à noite, metia-se debaixo de uma peruca morena e esgueirava-se para a Suburra, o bairro do pecado de Roma. Lá, subia em um tamborete e oferecia-se aos transeuntes por poucos sestércios. Aceitava qualquer um por qualquer preço. Levava-o para um dos quartos infectos que os rufiões alugavam e, sobre um catre precário, conduzia-o ao Olimpo. Viveu apenas 22 anos, Messalina, o suficiente para transformar o marido, o imperador Claudius, no maior corno da História da humanidade, com a provável exceção de um vizinho que tive, um dia ainda conto a história dele.

Transformou-se também, Messalina, em sinônimo de devassidão. Se alguém quer falar mal de uma senhora, classifica-a:

– É uma Messalina.

Todo mundo faz um ó da boca.

Já eu considero um elogio. Messalina sabia das coisas. Algumas mulheres sabem. Mas só algumas. Para a maioria, o sexo pode ser bom e tudo mais, mas é secundário. O mais importante para elas é o que há de mais importante na vida: a reprodução.

Isso torna difícil, para um homem, compreender o funcionamento da alma das mulheres.

Um homem passa a maior parte do tempo pensando em sexo.

O sexo é o eixo da sua existência. O que nos torna, a nós homens, uns iludidos. Porque o sexo é aventura, e nós acreditamos na aventura. Acreditamos que podemos sorver a glória da vida. As mulheres não acreditam em nada disso, porque elas sabem que não existe glória na vida.

Que tipo de animal é o homem? É um pavão tentando impressionar a fêmea. O que ele faz, se não dispõe de um penacho colorido na cauda? Ele ostenta a sua riqueza, ou o seu poder, ou a sua fama, ou a sua força física, ou os versos harmônicos de um soneto, aquela história do amor é fogo que arde sem se ver, é ferida que dói e não se sente, é um contentamento descontente, é dor que desatina sem doer. Esses portugueses...

O homem passa a vida tentando conquistar a mulher. Ou as mulheres. Seu comportamento muda de acordo com a oferta de sexo. Agora mesmo assiste-se a um curioso debate no século XXI: a respeito dos filhos que não saem da casa dos pais nem depois de adultos. Homens com quarenta anos de idade ainda homiziados em seus quartos de menino. Analistas alegam tratar-se de uma consequência das mazelas econômicas do mundo moderno. A vida está mais difícil de ser ganha, o emprego mais escasso, então os homens preferem ficar no lar paterno a fim de gastar menos e bi-bi-bi.

Balela.

Eles não saem de casa por causa do sexo. Porque o sexo, agora, é mais fácil de ser obtido. Antes, um homem, para conseguir sexo, tinha necessariamente de levar sua própria vida, apartada dos pais. Tinha de morar no seu apartamento, de poder chegar em casa quando bem lhe aprouvesse, sem a vigilância de pai e mãe. Ou seja: ele tinha de sair da casa dos pais.

Hoje não é preciso mais nada disso. Hoje os filhos mandam em sua própria vida, mesmo que morem com a família. Hoje eles chegam em casa quando querem, saem quando querem e, sobretudo, levam quem quiserem para seus quartos. Um rapagão, hoje, chega ao apartamento do pai acompanhado de uma loira vestida com jeans justo e mascando chiclete, apresenta-a perfunctoriamente, "essa é a Lu, velho", e a conduz pela mão para o seu quarto, onde eles passarão três horas jogando moinho ou escova. Dispondo dessa alegre possibilidade, por que o nosso rapagão iria alugar um JK na Zona Norte? Ele não precisa. Na casa dos pais ele tem tudo o que quer, sem ter que pagar.

O sexo, pois, comanda as ações do macho. Da mulher, não.

A mulher, o que a comanda é a reprodução da espécie. Não duvido que neste momento você se lembre da sua colega que vem trabalhar com aquelas roupinhas e que olha para os homens de um jeito blasé que parece urrar: "Eu quero sexo, garoto!". Sim, eu sei que você vai se lembrar dela e vai argumentar: "Luaninha gosta de sexo como se fosse um homem".

Mas você está enganado.

É tudo um truque de Luaninha. Em sua maioria, as mulheres usam a premência masculina pelo sexo para alcançar seus objetivos. Nem que os objetivos sejam, apenas, de medir a extensão de seu poder. É o caso da mulher que acena com promessas e depois recua. Ela queria, mas desistiu? Não. Ela nunca quis. Ela só pretendia constatar até onde poderia levá-lo, a você e a essa sua infantil agonia sexual.

Veja uma mulher jovem, fresca, tenra, linda e de minissaia e botas, como deveriam se vestir todas as mulheres jovens, frescas, tenras e lindas. Ela é como a flor colorida e cheirosa que atrai a abelha com o objetivo de ser polinizada. As mulheres são como plantas, também querem ser polinizadas. Querem se reproduzir. Vou dar dois exemplos separados em 1,5 mil anos para que você possa compreender melhor o que digo.

O primeiro: Teodora, a imperatriz de Bizâncio.

Antes de ser imperatriz, Teodora foi prostituta. Ao contrário de Messalina, que, antes de ser prostituta, foi imperatriz. Isso diz muito sobre uma e outra. Messalina prostituiu-se por gosto; Teodora, por necessidade. Mesmo assim, Teodora era uma prostituta competente. Aprendeu alguns truques para agradar os homens (sim, garota, algumas mulheres conhecem certos truques), tornou-se célebre em Constantinopla e, numa noite feliz, acabou se instalando no leito do imperador Justiniano. Feliz para ela e feliz para Justiniano, bem entendido. Tanto que o imperador se apaixonou por ela, apartou-a da vida fácil, transformou-a em teúda e manteúda e, depois, em imperatriz.

Você pode achar que, empossada imperatriz, aí sim que Teodora se soltou e passou a cevar seus desejos mais recônditos. Se achou, achou errado. Teodora foi uma imperatriz concentrada quase que com exclusividade nas lides políticas. Fez de tudo para conservar e aumentar o seu poder. E fez bem: certa feita, salvou a coroa do marido durante a chamada Revolta Nika. Ou Revolta Nike, que, em grego, significa "vitória" e, em português, significa marca de calção de índio. Vou discorrer mais alentadamente sobre Teodora no volume apropriado, o da Alta Idade Média, um tempo aborrecido de se viver, mas divertido de se contar. Por ora, ressalto apenas o aspecto que queria ressaltar: que Teodora usou o sexo para atingir o seu objetivo político.

Muitas mulheres são assim.

Outras são como Angelina Jolie. Você se lembra da Angelina Jolie no começo da carreira? Ela exsudava sexo. Dizia que lhe apetecia refestelar-se com homens, mulheres e outros seres mais ou menos parecidos. Expunha aquelas tatuagens dela. Usava umas roupas que faziam a gente sentir uma dor bem aqui. No peito, digo.

Aí Angelina conquistou Brad. E o que aconteceu? Ela começou a ter filhos. Quantos, exatamente, não sei. Talvez nem Brad saiba. Mas são vários. Alguns o próprio Brad proporcionou. Um se chama Maddox, veja só. Outros ela adotou. Africanos, quase todos. O Brad dá uma saidinha para beber um chope cremoso com os amigos e, quando volta, tem um etiopezinho novo em casa.

O fato é que Angelina mudou. Continua linda e continua com aquela boca, mas perdeu muito da sua ferocidade sexual. Por quê? Porque não precisa mais dela. Seu objetivo, que era ser mãe, demasiado mãe, já foi alcançado.

Assim se comporta a maioria das mulheres em relação ao sexo. Com pragmatismo. Elas encaram o sexo como um meio, não como um fim.

Elas conhecem a verdade da vida.

Bem cedo desenvolvem tal percepção, já na pré-adolescência. Graças à menstruação. Com doze ou treze anos de idade, a menina compreende que a vida tem ciclos, que tudo germina, floresce e fenece, que tudo nasce, chega ao auge e morre. Esse ciclo está dentro dela, ocorre todos os meses. A menina logo entende, portanto, que nós não somos imortais.

O homem, ao contrário. O homem passa a vida julgando-se imortal e acreditando que algo de extraordinário acontecerá logo adiante. Que vai alcançar a glória, a fortuna, o sucesso. É por isso que o homem se ilude trocando de mulheres, buscando vida nova.

As mulheres não se iludem. As mulheres são práticas, os homens são românticos.

Essa qualidade das mulheres fez com que elas aceitassem a monogamia que lhes foi imposta na alvorada da civilização. Para elas era até bom. Porque, com a monogamia, o homem assumia compromissos até então inéditos para com ela e com os filhos. Com a monogamia, fundou-se a família. A mulher, agora, dispunha de ajuda na tarefa de criar os filhos. Dispunha de uma casa, não precisava mudar-se a todo o momento, o que era um incômodo para quem tinha de levar a criançada junto. Com a casa, a mulher passou a dispor de instrumentos, ferramentas, confortos impensáveis para quem leva a vida nômade.

A vida da mulher melhorou, pois, e por isso ela aceitou sua condição presumidamente inferior durante milênios, mesmo que, no passado, gozasse de grande prestígio devido ao seu papel na reprodução.

Gozava mesmo.

As divindades eram femininas. Os homens pediam proteção à Grande Mãe. As primeiras esculturas da humanidade são, exatamente, de mulheres grávidas. É quase certo que serviam para algum tipo de culto ancestral. Isto é: a mulher grávida era adorada como uma deusa.

Mesmo depois de descoberta a participação do homem na reprodução e de instaurada a civilização, mesmo depois de erguidas as primeiras cidades, as deusas seguiram sendo veneradas. Vide Ishtar, dos babilônios, e Ísis, dos egípcios.

Não que as comunidades fossem matriarcais. Não eram. O mando manteve-se em poder do homem porque era o homem que fazia a guerra.

Eis um sarcasmo histórico que pode excitar as feministas mais arrebatadas: a mulher tinha prestígio por dar a vida, o homem por trazer a morte.

Com certa razão. Não é tarefa fácil matar pessoas em massa. É preciso organização e método. É preciso pla-ne-ja-men-to. Generais eram precisos. Esses generais da Antiguidade montavam defesas, preparavam estratégias de ataque, mostravam a cada integrante da tribo o que fazer e, não raro, quando a luta terminava, continuavam com o poder enfeixado em suas mãos rubras de sangue humano. É assim que funciona.

Permita-me agora, paciente leitor, uma rápida digressão para ilustrar o tema e para falar de alguns dos personagens mais misteriosos da história do mundo: os hunos brancos. Os hunos brancos, como talvez você já tenha deduzido, eram hunos e eram brancos. O que parece uma obviedade, devido ao nome deles, mas não é. Porque os hunos, hunos mesmo, os súditos do rei Átila, eram da raça mongólica. Eram pequenos e retacos, tinham a pele acobreada, os olhos amendoados, os cabelos negros e as pernas cambotas como as dos vaqueiros norte-americanos. Uns e outros, vaqueiros e hunos, as possuíam arqueadas pelo mesmo motivo: por montar a cavalo desde a infância.

Já os hunos brancos, embora se assemelhassem com os hunos de Átila nos hábitos e na região de procedência, o Oriente Longínquo, tinham a pele branca como uma Charlize Theron e os olhos claros como uma Michelle Pfeiffer. Mas não deviam ser tão bonitinhos. Os hunos brancos eram guerreiros temíveis. Hábeis cavaleiros, disparavam flechas com farpas que dilaceravam a carne do inimigo ao serem arrancadas do corpo. Aterrorizaram parte da Índia, dizimaram povoados entre os séculos IV e VI e depois desapareceram. Mesclaram-se a outros povos? Foram massacrados por guerreiros ainda mais ferozes? Ninguém sabe, ninguém viu.

No entanto, não é sua trajetória fugaz e enigmática que torna a história dos hunos brancos interessante, e sim o fato de que eles adotavam a poliandria.

Poliandria? Explico.

Vem do grego: “poli”, muitos; “andros”, homem.

Muitos homens.

Entre os hunos brancos, raridade em todas as sociedades humanas, uma única mulher casava-se com vários homens. Isso ocorria provavelmente porque havia muito mais hunos brancos do que hunas brancas. É o mecanismo de compensação biológica da natureza. Nem essa prerrogativa, porém, concedia às mulheres o domínio político na sociedade dos hunos brancos, mas é possível que algumas delas atuassem como sacerdotisas. Os hunos brancos adoravam o sol e a lua e tinham o hábito de beber sangue de um cavalo branco em seus rituais, o que os outros povos achavam muito nojento e eu também, eu não gostaria de beber sangue de um cavalo branco.

Mas o que a história dos hunos brancos e das hunas brancas demonstra é que não existem regras fixas que norteiem o comportamento de homens e mulheres. Existem padrões. Que mudam de acordo com a geografia, o clima e a política. O homem é o homem e suas circunstâncias, como disse Ortega y Gasset.

A história da humanidade, pois, é cambiante. Fomos nômades durante milhões de anos, e essa condição mudou devido à agricultura, à propriedade e à consciência da participação do homem na reprodução. A mudança modificou a condição da mulher, que, vagarosamente, foi perdendo espaço na sociedade, até perder bruscamente, com o advento de uma religião masculina em todas as instâncias: o judaísmo.

Com o judaísmo, a Grande Mãe deixa de existir. Com o judaísmo, Deus é Pai. O judaísmo moldou as modernas sociedades humanas. Moldou o homem ocidental. É a mais antiga religião viva do mundo. Mas, antes dela, outras vicejaram, em um mundo que, se não existe mais, deixou suas marcas. O judaísmo foi marcado por essas religiões, foi, de certa forma, produto de velhas civilizações. Houve algo antes do judaísmo, do monoteísmo e do Deus-Pai.

O que começaremos a ver no próximo capítulo.

5

Do sucesso no comércio ao medo da morte

Sabe qual foi a primeira visão que tive de Tóquio? A primeira cena com que meus olhos redondos de perplexidade depararam quando desembarquei do trem-bala, sabe qual foi?

Japoneses.

As portas automáticas do Shinkansen se abriram, avancei dois passos estação ferroviária adentro e, diante de mim, surgiram milhares de japoneses. Milhares! Japoneses, japoneses, japoneses todos eles. Nenhum ocidental, nenhum negro, nenhuma loira. Só japoneses. Eram eles e eu. Eles, japoneses; eu, um não japonês.

Foi uma sensação estranha. Foi como se estivesse em outro planeta. Lembro de ter pensado:

"Mas por que tanto japonês junto?"

Eis o busílis. Eis algo fundamental a se perguntar. Por que razão milhões de japoneses vivem tão próximos uns dos outros? Mas não só os japoneses. Nós todos, chineses, que já se amontoam em bilhão e meio, indianos, que são um bilhão e tanto, europeus, americanos, africanos às catadupas, por que nos reunimos preferencialmente em cidades? Por que vivermos tão próximos uns dos outros, às vezes em cubos de concreto contíguos, às vezes havendo um vizinho a sapatear dois metros acima, outro a ouvir pagode dois metros abaixo, mais uns quantos assistindo Faustão à esquerda e outros vendo Noroeste de Bauru versus São Caetano à direita, por quê???

Aí está.

Nem sempre foi assim. Nos albores da civilização, as comunidades eram rurais. As pessoas viviam em núcleos agrícolas, cultivavam a terra, produziam seus próprios alimentos, criavam os animais que lhes serviriam de subsistência e, dessa maneira, a vida se arrastava placidamente, como pingos de chuva no telhado.

Até que um dia alguém fez algo diferente. Provavelmente foi um rapaz, um filho de agricultor. Ele descobriu que havia sido agraciado por vocação especial. Digamos que soubesse fabricar enxadas como ninguém. Enxadas perfeitas, que abriam na terra feridas simétricas como se fossem desenhadas a régua. O rapaz passou a fabricar enxadas para toda a família. Logo, os vizinhos estavam pedindo-lhe enxadas. Sua fama espalhou-se pelas redondezas. Então, ele percebeu que poderia ganhar algo com isso. Poderia produzir enxadas em troca de alimentos. Não precisaria mais enfrentar a dura lida do campo, que é de fato dura, duríssima.

Resolveu estabelecer-se, levantou uma casa fora da área rural, só que mais ou menos próxima das propriedades circunvizinhas. Dessa forma, seria facilmente alcançado por todos os clientes em potencial. Mas é claro que, para bem viver, esse rapaz precisava de um poço artesiano do qual tirasse água de beber, de algumas roupas para se proteger do frio, de apetrechos de cama e cozinha. Como confeccionar tudo isso sem roubar o tempo de fabricar as enxadas que lhe encomendavam? Ele teve uma ideia, era um homem de ideias: conhecia outro rapaz, filho de outro agricultor, que sabia cavar poços com destreza ímpar. Chamou-o e propôs-lhe trocar o trabalho de abertura do poço por enxadas para toda a sua família. O outro topou. E percebeu que poderia imitá-lo. Estabeleceu-se nas cercanias como especialista em escavação de poços. Cavoucava poços, e por eles ganhava mantimentos, roupas e, bem, enxadas.

Aos poucos, mais especialistas foram se acercando daquele local tão propício. Um levantava casas, um cosia roupas, havia quem montasse mesas e cadeiras. Necessitavam do trabalho um do outro, cada um vivia de acordo com suas habilidades e, dessa maneira, todos se ajudavam. Logo, concluíram que seria indispensável rasgar caminhos entre a casa do ferreiro e a do pedreiro, entre as fazendas e a padaria, entre o sapateiro e a costureira. E se reuniram para tocar esse empreendimento em comum. E escolheram um deles que fizesse o trabalho por todos. Era o primeiro funcionário público da humanidade.

Um dia, uma jovem esposa enviuvou. Seus pais já estavam mortos, ela se viu sozinha no mundo, sem terra, sem trabalho e com fome. Mas tinha um corpo rijo e bem-formado, cobiçado pelos homens da vizinhança, e compreendeu que poderia sobreviver concedendo favores sexuais por uma coisa à toa, uma noitada boa ou um corte de cetim. Foi a primeira mulher-dama, a primeira meretriz, a primeira cortesã, a primeira alcouceira, a primeira marafona, a primeira rameira, a primeira madama, a primeira mariposa, a primeira mulher pública do mundo, donde se vê que a prostituição é uma das mais antigas, mas não a mais antiga profissão da História.

Você consegue ver a nossa cidadezinha original já formada? Suas casinhas dispostas lado a lado em ruas precárias? As pessoas se movimentando para lá e para cá na busca da solução para suas necessidades diárias? O pão matinal, o conserto da goteira do telhado, a túnica de lã para vestir no inverno, o balde para puxar a água do poço, você consegue vê-las se deslocando como formiguinhas atarefadas atrás disso tudo? Comprando e vendendo? Ou, naqueles tempos primevos, trocando? Se você conseguiu imaginar, compreendeu que a cidade é produto do comércio. Quando o homem começou a comerciar, fundou a cidade.

Nesse lugarejo original havia riquezas e mulheres belas. Havia o que aflorasse a rapacidade de homens ambiciosos. Volta e meia, um grupo armado o invadia e tomava o que bem entendia, arrastava pelos cabelos as filhas formosas dos artesãos e as possuía, levava embora roupas, ferramentas e animais, comia e bebia o que fora estocado com tanto sacrifício e labor. Para se proteger desses bandoleiros, os cidadãos se reuniram mais uma vez e designaram um dentre eles para preparar suas defesas. Era o primeiro estrategista militar. O primeiro general. Que formaria o primeiro exército. E, de posse do mando, esse homem sentiria os eflúvios inebriantes do poder, sentiria o prazer incomparável de pisar no pescoço de outros homens e não quereria mais deixar de ser tão grande. Transformar-se-ia no primeiro ditador, o primeiro déspota, pai de todos os reis e presidentes.

Mas assaltantes e tiranos não eram os únicos males a afligir a nascente civilização. Porque, com a proximidade, além de serviços, amores e pavores, os homens passaram a compartilhar vírus, bactérias, fungos e protozoários. E então havia, e há, câncer, Alzheimer, hipereclepsia, Parkinson, enxaqueca, psoríase, glaucoma, amnésia, urticária, gagueira, hipersudorese, anemia, síndrome de Williams-Beuren, apneia, labirintite, lúpus, osteopoiquilose, apendicite, vitiligo, gripe, asma, bócio, bruxismo, conjuntivite, criptorquidia, gastrite, sinusite, prurido, alergias, osteoporose, síndrome de Down, trombose e dor de dente.

O homem sofria de males variados. E deles, não raro, morria.

Agora nós chegamos ao evento mais importante da vida: a morte.

O homem via os seus entes queridos, e até alguns não tão queridos, desaparecerem para sempre. Assustava-se: ele também desapareceria para sempre? Todos os seus sentimentos, sonhos e realizações se esfumariam? Não era possível. Não havia lógica. Para que começar, se um dia tudo vai terminar?

É esse o grande drama da existência. Uma gargalhante ironia: a angústia da morte rege a vida. O homem atravessa seus dias neste Vale de Lágrimas tentando se imortalizar. Em resumo: passa a vida pensando no que lhe vai ocorrer depois da morte.

Como vencer a morte?

A maioria tem filhos, espalha sua descendência pelo planeta. Mas não basta. Em duas ou três gerações o dono dos genes é esquecido. Alguns tentam realizar obras, escrever livros, compor músicas, pintar quadros. Também é pouco. As realizações realmente importantes são para raros, usualmente tudo o que um homem produz em vida é consumido durante a sua vida.

Como, então, ser imortal? Como fazer com que a vida tenha sentido?

São perguntas que a religião tenta responder. Nem sempre com sucesso, uma vez que as promessas das religiões, de todas as religiões, só se cumprem depois da morte.

Mas o que importa aqui é o papel da morte na vida.

Somos assombrados pela morte desde sempre. A ideia aflitiva da morte moldou as civilizações. E um povo, mais do que todos, conseguiu se imortalizar graças à morte: os egípcios. Os antigos egípcios, hoje extintos, deixaram um legado que ajudou a formar o homem ocidental. Um legado que é o tema principal deste livro.

6

A cidade amaldiçoada e os quatro rios do Paraíso

Os velhos egípcios orgulhavam-se de ser velhos. O grego Heródoto, que enfiou o nariz curioso nas margens do Nilo há 25 séculos, contou que eles se jactavam de ser o povo mais antigo da Terra. É assim a alma dos povos, cada qual com suas vaidades e suas bazófias, os russos e sua literatura sombria, os franceses e sua gastronomia sutil, os alemães e sua filosofia profunda, os austríacos e sua música requintada, os cariocas e os biquínis mínimos de suas mulheres.

Pois os egípcios acreditavam ser os pioneiros da civilização. No reinado do faraó Psamético, nos anos 600 antes da nossa era, essa crença era sólida como as paredes das pirâmides. Até que surgiram uns frígios irritantes afirmando que a Frígia, sim, era muito mais antiga. Discute daqui, discute de lá, Psamético decidiu descobrir quem tinha razão através de prova provada. Tomou duas crianças recém-nascidas, de famílias pobres, e as entregou a um pastor com as seguintes instruções: os nenês deveriam ser criados longe de quaisquer outros seres humanos e o pastor jamais, eu disse JAMAIS!, deveria falar uma única palavra diante deles.

O faraó pretendia, dessa forma, estabelecer qual seria a primeira palavra que as crianças falariam, assim que deixassem de emitir sons inarticulados. Para garantir a lisura do experimento, Psamético mandou que seus soldados arrancassem a língua das mulheres que viviam com o pastor, convencido de que a natureza feminina não suportaria permanecer muito tempo em silêncio, no que, aliás, estava tapado de razão. Ter a língua amputada é chato, mas suponho que as mulheres devem ter entendido as necessidades da ciência.

Bem.

Passados dois anos, o pastor notou que, quando abria a porta e entrava na cabana onde estavam alojados os nenês, eles estendiam as mãos e punham-se a gritar:

– Becos! Becos!

A princípio ele não deu muita importância ao fato, mas como as crianças não paravam de repetir becos, becos, beeecos, o pastor procurou o rei e contou-lhe o caso. Psamético chamou os seus sábios, que os reis sempre tinham sábios a assessorá-los, e perguntou-lhes em qual língua existia a palavra "becos" e o que significava. Depois de uma afanosa pesquisa naqueles tempos sem Google, os sábios o informaram de que, na língua frígia, becos quer dizer "pão".

Gol dos frígios.

O faraó e todos os demais egípcios, frustrados, admitiram que a Frígia era mais antiga.

Só que tem o seguinte:

Não é.

A experiência de Psamético narrada por Heródoto não foi muito diferente daquelas pesquisas que os ingleses patrocinam hoje em dia. Os ingleses fazem assim: reúnem cem mulheres casadas que pintaram o cabelo e outras cem que não pintaram. Apresentam-lhes um questionário perguntando, basicamente, se traíram ou pensam em trair os respectivos maridos. Ora, todo mundo sabe que uma mulher, quando pinta o cabelo, está tendo ideias. A cabeça da mulher muda de fora para dentro, isso é fato. Logo, as cem que pintaram os cabelos responderão, todas elas, eu disse TODAS, que traíram ou traem ou talvez traiam seus cônjuges. “A minha vida está tão igual”, miarão. “Preciso fazer algo novo...” O “novo”, esse, é o vil adultério.

Já as outras, as não pintadas, dirão que não, que ainda não cogitam trair os maridos.

Conclusão dos cientistas ingleses: tintura de cabelo causa infidelidade.

O “becos” das criancinhas do rei talvez até significasse “pão” para elas, mas não em frígio, e sim na língua dos nenês. O meu filhinho, por exemplo, só falava Abu quando tinha um aninho ou menos. Isso significa que ele é filho de árabe???

Hmm, vou verificar se a mãe dele pintou o cabelo.

Enfim. O fato é que os frígios não são o povo mais antigo da Terra. É verdade que até detêm algumas prerrogativas. Foram eles os primeiros adoradores de Cibele, a Deusa-Mãe que rivalizou com o cristianismo durante pelo menos trezentos anos. O imperador romano Juliano, chamado “o apóstata”, era um ilustre devoto de Cibele. Gore Vidal escreveu um bom romance sobre ele. O título é, exatamente, “Juliano”. Vale a pena ler.

Mesmo assim, repito, não é dos frígios a primazia da antiguidade das civilizações.

O homem foi domesticado pela mulher, em primeiríssimo lugar, provavelmente na Mesopotâmia.

Você sabe, a palavra mesopotâmia vem do grego e é muito fácil de lembrar o que significa. Pense na pizza mezzo calabresa, mezzo portuguesa. O que quer dizer mezzo?

Meio. Pense agora no rio Tâmisa, que rasga elegantemente a cidade de Londres. Pois tamis é o mesmo que "rio", o que equivale a dizer que "rio Tâmisa" é "rio Rio".

Bom, então o que significa mesopotâmia? "No meio de rios", ou "entre rios". Uma terra entre rios, mais ou menos localizada onde hoje se situa o moderno Iraque, se é que o Iraque hoje pode ser chamado de moderno.

Os rios em questão são o Tigre e o Eufrates. A Bíblia informa que havia quatro rios no Paraíso perdido de Adão e Eva: o Tigre e o Eufrates, que ficam bem próximos um do outro, mais o Ganges, na Índia, e o Nilo, no Norte da África.

O Paraíso era enorme, portanto.

Agora é preciso tecer algumas observações a respeito desse capítulo bíblico, o Gênesis, que se arroga ser o contador da história da formação do mundo.

Segundo a tradição judaica, Deus criou a Terra circa 4 mil anos antes de Cristo. Trata-se de uma parábola, naturalmente. Afinal, os cientistas já descobriram que o Big Bang ocorreu há mais ou menos 13,7 bilhões de anos e que o planeta Terra se formou há 4,6 bilhões de anos.

Durante os primeiros 500 milhões de anos, a Terra era uma bola de fogo e lava derretida. Não havia água, o extremo calor impedia que o vapor se condensasse. As nuvens negras mantinham-se no alto da atmosfera. Mas a Terra, bem como todo o universo, foi se resfriando, e continua se resfriando, e continuará – o universo está eternamente em expansão e esfriamento, lembre-se. Quando ficou frio o suficiente para que a lava endurecesse, formou-se a superfície em que a Scarlett Johansson pisa com o pezinho macio dela. Os cientistas conseguiram descobrir na Groenlândia rochas de 3,8 bilhões de anos de idade. São as mais antigas do planeta. Nessa época, violentas tempestades elétricas desabaram sobre a Terra, as nuvens de vapor começaram a se liquefazer e, durante milhões de anos, choveu.

E choveu.

E choveu.

Os cientistas acreditam que a sopa química dos oceanos primevos, ao ser atingida pelos raios, de alguma maneira causou uma reação que originou as primeiras bactérias. As primeiras formas de vida. Existem fósseis de bactérias de 3,5 bilhões de anos, imagine que bactéria bem velha.

Então, tudo começou.

Só que muito lentamente. Passaram-se bilhões de anos até que os animais fossem formados. O bicho número 1 a sair do mar e habitar o solo, acreditam os cientistas, foi o humilde... tatuzinho. Observe um meio enterrado na areia da praia, da próxima vez que você for passar um fim de semana às franjas do litoral: ele é seu tataratataratatara-tataratataratataratataratataratataratataratataratataratata-ravô. Ou ao menos foi, há uns 460 milhões de anos.

Como esses animais marinhos se reproduziam? Aí é que está. Você já viu peixes transando? Uma noite de loucuras e prazeres inenarráveis entre peixes acontece assim: a peixa louca de desejo deposita os ovos em algum lugar e os peixos garanhões vão lá e espalham esperma em cima. E terminou a farra. *Consummatum est.* Hora do repouso do guerreiro.

Se dependêssemos dos peixes, até hoje estaríamos fazendo sexo desse jeito. Nada divertido.

Mas um dia os répteis evoluíram e passaram a depositar os espermatozoides DENTRO das fêmeas, e não fora, a fim de fertilizar os óvulos. Ou seja: os répteis são responsáveis pelo sexo como nós o conhecemos e, por consequência, pela psicanálise, pela minissaia e pelas calcinhas de renda, por quase toda a música e literatura, pela escova progressiva, pelo bronzeamento artificial, pelas calças legging e por muitas das minhas noites de dor.

Mas ainda que a Bíblia não faça referência a essas verdades comprovadas pela ciência, ela não está de todo errada. Ao contrário: as lendas do Gênesis dão indícios até bem precisos de como se formou não o ser humano, Adão e Eva, blá-blá-blá, mas como se formou a civilização. Inclusive geograficamente – aquilo dos quatro rios do Paraíso, por exemplo. Ocorre que as primeiras cidades surgiram exatamente naquela região. Foi em vales fluviais da Índia, do Norte da África e do Oriente Médio que os homens se estabeleceram originalmente e fundaram as primeiras cidades.

Eis aí outro ponto essencial dessa história: a civilização existe não com exclusividade na cidade, mas, no mínimo, em torno da cidade e por causa dela. "Civilização", a palavra, vem do latim, "civitas", que significa... "cidade".

O que não quer dizer que a civilização seja algo intrinsecamente positivo. O modo de vida oposto à civilização é o caçador e coletor. Noventa e oito por cento da existência humana sobre a Terra foi caçadora e coletora. Ainda hoje há povos que são caçadores e coletores. A mudança ocorreu, como já disse, por causa da mulher. A mulher é a rainha da civilização. Agora, isso é bom? Tenho dúvidas...

O Gênesis não as tem. Para o Gênesis, a civilização não é algo positivo. E esse é outro dos indícios que a Bíblia oferece a respeito da formação dessa mesma civilização.

Porque Adão e Eva, quando viviam no Paraíso, eram caçadores e coletores. Sobreviviam colhendo os frutos das árvores, menos o da macieira, e se servindo dos animais. Não usavam roupas, não sentiam vergonha. Ou seja: ninguém era de ninguém! O Paraíso era, bem, um paraíso.

Então Eva, a mulher original representando todas as mulheres originais, convenceu Adão, o homem original representando todos os homens originais, a provar o fruto proibido. O que significa essa imagem? Que a mulher convenceu o homem a deixar de ser caçador e coletor e passar para a agricultura e a criação de animais.

Deus não aprovou. A agricultura não é um modo de vida natural. Fere a terra, cansa-a e finalmente a exaure. Por tal crime, o Senhor decidiu punir homens e mulheres. Qual foi a pena? Amaldiçoou-os a ganhar a vida com o trabalho. Isto é, com a agricultura e o pastoreio.

Era o dramático fim da vida caçadora e coletora.

Os filhos de Adão e Eva, coitados, eram exatamente isso: Abel, um pastor; Caim, um agricultor. Deus gostava ainda menos dos agricultores – como já disse, a agricultura agride a terra. Assim, Deus preferia Abel. O que terminou sendo a causa do primeiro homicídio, do anátema lançado sobre Caim e da sua fuga pelo mundo. E o que Caim fazia pela Terra afora? Fundava cidades. Construía a civilização que a sua mãe tanto quis. Todos nós descendemos de Caim.

Uma palavrinha acerca da fundação de cidades. Isso ocorreu de preferência na proximidade dos rios. É à margem deles que os homens, de praxe, se estabelecem e vivem. Porque não há nada de que o ser humano necessite mais do que água. Três quartas partes do corpo do homem (e do sinuoso e macio corpo da mulher também) são compostas por água. A mesma proporção tem a composição do planeta. Não é que a água seja o bem mais precioso da Terra; a água talvez seja o único bem INDISPENSÁVEL da Terra. Pense nisso quando estiver lavando o carro.

Mas, como ia dizendo, o fato é que a Mesopotâmia é reconhecida também pelos hebreus do Pentateuco como um dos sítios originais da humanidade civilizada. Há indícios velhos de 12 mil anos de sociedades formadas na faixa de terra entre o Tigre e o Eufrates.

Warka é mencionada no Gênesis como Ereque, cidade fundada por Nemrod, filho de Cus, que por sua vez era filho de Cam, que era um dos três filhos de Noé. Esse bisneto de Noé, Nemrod, foi, segundo a Bíblia, "o primeiro homem poderoso da Terra". Warka, a cidade fundada por ele, é chamada de "A Mãe das Cidades".

Mas houve outras antes dela. Alguns cientistas dizem que Eridu é ainda mais antiga.

Agora, a cidade ainda viva, que seguiu habitada milênio após milênio, é Jericó, na Palestina. Os cientistas não chegaram a um acordo sobre o primeiro povo que a ergueu do chão. Durante 11 mil anos, as raças mais diversas se sucederam naquele lugar, vencendo até uma maldição bíblica.

Essa história aconteceu assim, dois-pontos:

Por volta de 1300 a.C., Josué chegou às cercanias de Jericó com os hebreus que haviam fugido do Egito, atravessado o Mar Vermelho a pé e vagado quarenta anos no deserto, tudo aquilo que você já sabe por ter assistido a *Os Dez Mandamentos*, com Charlton Heston no papel de Moisés, na *Sessão da Tarde*.

Em hebraico, Josué significa "Deus é salvação". Talvez tenha sido. Mas para os hebreus, não para os cananeus que viviam na chamada "Terra de Leite e Mel".

Josué foi o sucessor de Moisés. Era um líder militar competente, pelo que se pode deduzir. Enviou espiões às cidades cananeias a fim de levantar dados para a campanha de invasão que pretendia liderar. Entre outras informações, os emissários apuraram que Jericó era guarnecida por duas muralhas: a externa, com dois metros de espessura, e a interna, com três metros e meio.

Uma fortaleza inexpugnável.

Seria impossível derrotá-la, se Ele, o próprio Senhor, não tomasse partido. Um anjo com a espada desembainhada na mão apresentou-se a Josué como "chefe do exército de Iahweh", que é um emprego muito bom. O anjo garantiu que Josué teria ajuda e passou a orientá-lo.

As instruções que vinham do Alto foram as seguintes: todas as manhãs, os hebreus deveriam dar uma volta em silêncio em torno da cidade, com sete sacerdotes à frente deles e da Arca da Aliança. Esses sete padres estariam soprando sete trombetas de chifre de carneiro. Fariam isso durante seis dias. No sétimo, aumentariam a marcha silente para sete voltas. Ao cabo da última volta, as trombetas fariam um toque longo e, a um sinal de Josué, todos os israelitas gritariam a plenos pulmões.

Os hebreus obedeceram direitinho e, depois de berrarem selvagemente, AAAAAAAHHHHHHH!!!, as muralhas, apavoradas, desabaram por terra.

Os hebreus invadiram a cidade e, seguindo as ordens de Jeová, "passaram a fio de espada tudo o que nela vivia, homens, mulheres, velhos e crianças, e até mesmo bois, ovelhas e jumentos". Como se vê, Deus, por algum motivo, não gostava do pessoal de Jericó. Os únicos sobreviventes foram uma prostituta chamada Raab e sua família, que haviam escondido em sua casa os espiões de Josué.

Finalmente, os soldados pilharam e incendiaram a cidade e puseram todos os prédios abaixo. Como arremate, Josué lançou-lhe um anátema:

"Maldito seja diante do Senhor quem tentar reconstruir a cidade de Jericó! Será ao preço do seu primogênito que lhe lançará os primeiros fundamentos, e será à custa do último dos seus filhos que lhe porá as portas!"

Terrível ameaça. Mas, ainda assim, Jericó foi reconstruída. Sucessivamente os homens lhe lançaram fundamentos e lhe puseram portas. E continua de pé, como um testemunho de milênios de barbárie do homem civilizado e da fraqueza da maldição de Josué.

7

Como foram inventadas as palavras

Tempos atrás conheci um sujeito que era professor de surdos. Ele me contou algo sobre o qual nunca havia pensado: que, para um surdo, é MUITO MAIS DIFÍCIL aprender a ler e a escrever do que para quem ouve bem. Revelou-me, o professor, que não raro um surdo atravessa a existência como analfabeto absoluto.

A informação a princípio me deixou perplexo. Afinal, a leitura é um exercício silencioso. Você não precisa falar ou ouvir para ler. Nem deve. A concentração necessária à boa leitura faz-se na quietude.

Assim, eu imaginava que os livros eram um refúgio dourado, uma ilha aventurosa para quem não podia ouvir. Ledo engano. Os livros são desafios renhidos para quem tem deficiência auditiva.

Por quê???

Porque nosso sistema de escrita é fonético. Quer dizer: cada letra representa um som. A palavra escrita "casa" reproduz simbolicamente os sons pronunciados: "ca... sa".

O problema é que, para quem nunca ouviu esse som, a palavra "casa" não significa nada. Não passa de um desenho: uma meia-lua crescente, "C", contígua a uma pequena torre, "A", grudada a uma serpente, "S", pegada a outra torre, "A". Agora, se eu desenhar um quadradinho com um triângulo em cima, todos vão entender que estou representando uma casa.

Um surdo de nascença, para aprender a ler, tem de DECORAR todas as palavras. Você percebe como isso é complexo? Se eu escrever, por exemplo, zoado, trampo, de domingo, tá me tirando, as mina, os bâmbi, que são palavras típicas do dialeto paulistano, mas que não existem na língua portuguesa, se eu escrever qualquer um desses termos, um surdo, que decorou as palavras, não compreenderá do que se trata. Mas um carioca que jamais pôs a pele bronzeada debaixo da sombra dos arranha-céus da capital da grana que ergue e destrói coisas belas (e que ouve bem) irá deduzir o significado das palavras pelo som, quando o paulista falar:

– Isso aqui tá tudo zoado.

– O Curíntia ganhou ontem e hoje eu não fui ao trampo.

– Essas mina não trabalham “de domingo”.

– Esses bâmbi tão me tirando.

Nós escrevemos os SONS que falamos.

Suponho que um surdo tenha mais facilidade em ler em chinês. Afinal, a escrita chinesa é pictográfica. Os chineses precisam decorar o significado de cada desenho, que pode representar uma ideia, um objeto e até um sentimento. Não é à toa que há mais de 40 mil caracteres chineses. Porque há mais de 40 mil coisas no mundo para serem expressas.

Uma pessoa pode não saber falar uma única palavra em chinês e ainda assim pode saber escrever e ler com fluência em chinês.

Da mesma forma, alguém que fala chinês desde pequeninho pode saber falar e escrever em todas as línguas ocidentais, mas ser analfabeto em chinês.

Não é uma loucura?

A nossa escrita, portanto, é auditiva. Você "ouve" o que lê.

A dos chineses é visual. Eles veem o que leem.

Os chineses angariaram fama de possuir uma cultura milenar avançadíssima, mas nesse particular perdem de longe para as demais culturas. Um alfabeto que reproduz sons é muito mais prático, simples e inteligente do que um que tenta imitar imagens.

Mas como a humanidade chegou a essa conclusão? Como foram inventadas as palavras?

É aí que entram os sumérios.

Os sumérios foram um povo criativo. Por volta de 4 mil anos antes de Cristo, pouco mais, pouco menos, um deles teve uma ideia genial que, como todas as ideias geniais, gerou muitas outras ideias geniais. Esse sumério inteligente e industrioso, o que ele inventou foi...

...você acha que é "a escrita", mas está errado. O que o sumério inteligente e industrioso inventou foi...

...a irrigação!

Ele construiu canais para desviar as águas do Tigre e do Eufrates e, assim, não apenas domou as enchentes periódicas desses rios como garantiu água em abundância para as suas plantações, melhorando-lhes o rendimento.

Água. Lembra do que escrevi páginas atrás? A vida se move em torno da água.

Bem. Os vizinhos do nosso amigo inteligente e industrioso, admirando-lhe a prosperidade, o imitaram, e logo toda aquela região foi rasgada por canais, e a água fez verdejarem as plantações. O excedente agrícola liberou alguns homens do exaustivo trabalho no campo. Homens com mais tempo livre têm mais tempo para fazer bobagem, sim, mas também têm mais tempo para pensar. Esses pensadores começaram a PLANEJAR a produção. Inventaram instrumentos para medir as variações dos terrenos e o fluxo das águas e, dessa forma, aperfeiçoaram a matemática. Inventaram o arado e, dessa forma, propiciaram mais tempo a outros homens, que, por sua vez, dedicaram-se a organizar a comunidade: eles perceberam que, juntos, produziam cada vez mais e trabalhavam cada vez menos.

Os homens, reunidos em comunidades, entenderam que era preciso doar parte de seus recursos para que fossem feitas obras que beneficiassem toda a coletividade. Como estradas, por exemplo. Ou canais de irrigação que passassem por várias propriedades.

Assim foram criados os impostos.

Como havia excedente de produção, os sumérios tomavam o que lhes sobrava e trocavam com estrangeiros por produtos que não existiam em suas terras.

Assim foi criado o comércio.

Porém, outro problema os afligia: como registrar as compras e as vendas, as quantidades de bens estocados e o montante dos impostos pago por cada cidadão?

Arrá! Agora chegamos lá.

Assim foi criada a escrita.

Os sumérios, ao inventarem a escrita, não pretendiam tecer romances, não queriam contar histórias. O objetivo deles era não perder dinheiro.

Dinheiro, dinheiro, dinheiro, o mundo freme pelo dinheiro desde antes de o dinheiro ser inventado. Mas a ânsia pelo dinheiro também produz nobres resultados.

Os quais veremos a seguir, no próximo capítulo.

8

Como surgiram as sílabas

Pense no pato.

Pato.

Pato, pato, pato.

Agora imagine que você é um sumério vivendo há 5,5 mil anos sem saber como escrever pato, porque nunca ninguém havia escrito pato antes, mas TENDO que escrever pato para, digamos, registrar a venda de patos para um amorita que adora comer pato.

O que fazer?

Bem, você sabe, de ouvido, que pato é pá + tô. É assim que se fala pato:

– Pa... to.

"Pá" você sabe como escrever: é o desenho de uma pá, a ferramenta, coisa fácil. É isso que lhe dá a ideia de usar o desenho que representa uma pá para simbolizar a metade da palavra pato. Agora você só precisa imaginar um símbolo para tô. Embora a gramática ainda não tenha sido inventada, você se lembra da contração da primeira pessoa do singular do verbo "estar" conjugado no presente do indicativo: "estou", que é, exatamente, "tô". Aí você desenha algo que simboliza "to". Pode ser qualquer coisa. Um quadrado, digamos. Pronto: você já pode escrever "pato" unindo os desenhos que significam uma pá e eu estou. Se você inverter a posição dos símbolos, escreverá "topa". E se você quiser escrever "torre" já terá a primeira sílaba pronta, o "to", faltando criar um desenho para "re". Criado esse símbolo, você também poderá escrever "reto" e "pare".

Você, meu caro sumério, acabou de inventar a escrita.

Pois foi seguindo mais ou menos esse raciocínio que os sumérios transformaram a escrita cuneiforme, que tinha um desenho para cada coisa ou sentimento, em uma escrita que representava as sílabas. Quer dizer: foi assim que os sumérios inventaram a escrita FONÉTICA.

Foi um invento genial, um grande avanço para a humanidade, porque existem muito mais coisas e sentimentos do que sílabas. Com algumas sílabas você registra tudo o que há sobre a terra e sob o sol. Supimpa, não é?

Sim, mas os sumérios não chegaram à sofisticação de inventar as letras, o que seria ainda mais genial, porque com apenas e tão somente e nada mais do que 23 letras você escreve TUDO o que existe sobre a terra e sob o sol. Pare agora e reflita sobre isso: vinte e três símbolos, combinados, representam TUDO.

Parece muito simples para você, alfabetizado desde criancinha. É que tudo parece simples depois de ter sido criado. O ser humano, para chegar à primeira forma de escrita, a cuneiforme, levou milhares de anos. Milhões, até: os pictogramas sumérios foram concebidos por volta de 8 mil anos antes de Cristo. Lentamente, a escrita cuneiforme foi sendo aperfeiçoada, até evoluir para a silábica. Isso se deu há uns 5,5 mil anos. A partir daí, o homem levaria outros 2 mil anos até inventar o alfabeto, glória que coube aos criativos fenícios.

Até que essa façanha fosse realizada, no entanto, o ato de ler & escrever demandou comovente esforço por parte dos jovens do mundo antigo. Para tanto, os sumérios instituíram a primeira escola formal do mundo, chamada "edubba", ou "casa das placas". Isso porque a escrita cuneiforme se fazia em placas de argila, material abundante nas margens dos dadivosos rios Tigre e Eufrates. A edubba era um anexo do templo ou do palácio real. Os professores eram mantidos por elevadas taxas pagas pelos pais dos alunos, todos de famílias de posses. O método de ensino era implacável. Os meninos, e só os meninos, nunca as meninas, eles ingressavam na escola na primeira infância e dela só saíam adultos. Tinham de memorizar centenas de sinais e podiam ser castigados com dureza à menor falta, como falar sem permissão, perambular pela rua ou não ter habilidade suficiente para desenhar o símbolo indicado pelo mestre.

Em 2000 a.C., um desses alunos vacilantes cansou-se de apanhar e apelou para a influência paterna. O velho acedeu. Convidou o professor para que o visitasse em sua casa.

Um texto de quarenta séculos de idade conta o que se passou então:

"O professor foi trazido da escola e, ao entrar na casa, fizeram com que se sentasse no lugar de honra. O escolar cuidou dele e o serviu, e tudo o que havia aprendido da arte da escrita em placas ele revelou para o seu pai.

"Em seguida, o pai, vestindo o professor com 'um traje novo', pôs um valioso anel em sua mão. O professor encantou-se de tal maneira com a generosidade da família que de pronto esqueceu o que o levara a castigar o aluno.

"– Você realizou muito bem as atividades escolares – disse ao rapaz. – Você se tornou um homem sábio..."

Isso há 4 mil anos. Como se vê, a corrupção não foi inventada no Brasil. Como já dizia o Eclesiastes, não há nada de novo debaixo do sol.

9

O que Freud dizia de Moisés

Freud afirmava que Moisés era egípcio.

Você compreende a dimensão disso? A importância que uma sentença dessas tem para a cultura ocidental?

Vou repetir:

"Freud afirmava que Moisés era egípcio".

Estou falando de Moisés, o libertador dos hebreus, o fundador do judaísmo. Judaísmo, que, não por acaso, é chamado de "a religião mosaica". Pois Moisés não era judeu.

Freud, que, aliás, ERA judeu, fundamenta essa tese no sensacional livro *Moisés e o monoteísmo.*

Os argumentos de Freud são muito convincentes, que Freud era um homem convincente. Ele começa analisando o nome de Moisés. Segundo a tradição judaica, Moisés significa, em hebraico, "porque das águas o tenho tirado". Uma referência óbvia ao mito do nascimento do dito cujo: sua mãe hebreia o teria lançado às águas do Nilo dentro de um cesto bem calafetado com betume e pez, a fim de escapar à perseguição do faraó aos filhos do seu povo. O faraó havia ordenado a morte de todos os bebês masculinos judeus como uma forma um tanto radical de controle populacional dos escravos, que, segundo ele, se reproduziam com preocupante velocidade. O cesto teria sido descoberto por uma princesa egípcia, que se encantou com o pequerrucho e o salvou e o criou como se fosse seu filho. Foi essa princesa quem deu o nome de Moisés a Moisés. Mas, ora, se ela era egípcia, por que daria um nome hebreu à criança que, alegava, era filho de seu ventre?

Ponto para Freud.

Freud explica, então, que Moisés é um nome egípcio, que quer dizer, apenas e tão somente, "filho" ou "criança". Os egípcios tinham o hábito de pôr essa partícula nos nomes dos filhos. Tipo: "Amon-mose", significando "Amon-uma-criança", forma contraída de "O deus Amon deu uma criança".

O mesmo ocorre com a partícula "son" nos nomes dos escandinavos. Son, você sabe, é "filho". Logo, Cleberson é o filho de Cléber, Jameson é o filho de James, Roberson é o filho de Robert, e por aí adiante. Visite uma favela brasileira e você vai ouvir as mães gritando:

– Anderson, Róbson, Wilson, Maílson, Marilson, já pra casa!

O curioso é que não há muitos escandinavos nas favelas brasileiras.

Moisés, portanto, devia se chamar Tutmoses ou Ahmoses, nomes comuns na época. Entre os hebreus, o prefixo foi suprimido e ficou só o Moses.

Mas Freud não se baseou só no nome de Moisés para provar que ele era egípcio. Citou também um caso do qual foi protagonista o homem que pode ser considerado o primeiro personagem da História: Sargão I, o Grande, também chamado de "O Acádio". Sargão fundou o primeiro império do planeta, na Mesopotâmia. Segundo a lenda que narra seu nascimento, ele também se viu acomodado dentro de um cesto de vime e largado nas águas de um rio, o Eufrates, sendo depois recolhido por um homem chamado Akki, "o tirador de água". As histórias são idênticas, com uma diferença: Sargão viveu pelo menos mil anos antes de Moisés...

Freud explica que o mito do nascimento do herói é semelhante em várias culturas. O primeiro talvez tenha sido o de Sargão, mas depois se reproduziu em Moisés, Gilgamesh, Ciro, Rômulo, Édipo, Karna, Páris, Telefos, Perseu, Hércules, Anfion, Zetos... Todos tirados da água. Todos transformados em heróis.

Mas o grande argumento de Freud, a estocada genial e definitiva, é quando ele lança mão da história de Akhenaton, e agora espetamos o ponto nevrálgico do livro que você tem em mãos.

Akhenaton é o faraó mais intrigante do Egito, porque foi um revolucionário, um rebelde. Naguib Mahfuz, o egípcio que ganhou o prêmio Nobel de Literatura em 1988, escreveu sobre ele um romance, *Akhenaton, o rei herege*. Trata-se de um belo romance. O narrador da história entrevista pessoas que fizeram parte do governo de Akhenaton e conviveram com ele. Moisés poderia ser um dos entrevistados. Porque Freud acredita que Moisés era um sacerdote da religião fundada por Akhenaton, uma religião... de um único deus. Uma religião monoteísta. A primeira religião monoteísta do mundo.

10

O grande rio

Akhenaton rebelou-se contra um mundo antigo – o Egito foi a segunda grande civilização da História. Em primeiro lugar, surgiram os sumérios; depois, os egípcios. E, como no caso da Suméria, a grandeza do Egito foi forjada ao longo de um rio, o Nilo.

"O Egito é uma dádiva do Nilo", escreveu Heródoto. E escreveu bem. O Egito vive em função do Nilo e só existe graças ao Nilo. Para compreender como as coisas aconteceram, pense no mapa da África. Ou, melhor, abra o Google Earth. Você verá que o Egito se situa numa das áreas mais nervosas do planeta, no nordeste do chamado Continente Negro. Note que ali em cima, à direita, bem perto, brame e ruge o Oriente Médio. Lá estão Israel, a Jordânia, o Líbano, a minúscula Faixa de Gaza, todos aqueles lugares pequenos e perigosos. Entre o Egito e essa região trepidante estende-se o Mar Vermelho, o tal que Moisés abriu para que os hebreus cruzassem em segurança até a outra margem. Pensando nesse episódio, na Passagem do Mar Vermelho, você entenderá como o Egito fica próximo da Palestina e de todas aquelas complicações milenares. É possível que você argumente: "Mas os hebreus vagaram quarenta anos no deserto antes de encontrar a Terra Prometida, de onde vertia leite e mel". É verdade, só que eles ficaram quarenta anos praticamente andando em círculos, jamais em linha reta.

Sabe por que esse tempo, quarenta anos? Não foi por acaso. Foi um período escolhido por ninguém senão o próprio Javé, o deus ciumento, possessivo e vingativo dos hebreus. Javé pretendia purgar o povo dos vícios gerados pelo antigo estilo de vida. No Egito eles eram escravos. Agora, eram homens livres. Para que a Terra Prometida fosse habitada apenas por homens livres também na alma, homens que nunca tivessem sentido o travo da escravidão, Javé fez o povo esperar a extinção de toda uma geração. Quando o último escravo dentre eles morreu, a Terra Prometida foi alcançada.

Muito simbólico, não é? As lendas servem para isso, para ensinar lições. Refletindo sobre a lição dada por essa lenda, você entenderá que os traumas de um povo só são encerrados depois de uma geração inteira. Assim ocorreu com os dramas das duas guerras mundiais do século XX. Só depois de toda uma geração de paz a Europa encontrou a serenidade.

Mas voltemos ao Google Earth. É importante você visualizar essa região do planeta. Os destinos do mundo são traçados ali, e faz tempo isso.

Se você deslocar a visão um pouquinho, da direita para a esquerda, verá a artéria azul do rio Nilo serpeando pela terra seca. Lá em cima, no Norte, está o chamado "Delta". O rio vai descendo para o sul com cidades históricas grudadas ao seu leito: Cairo, Gizé, Luxor... E lá se vai o Nilo, uma tripa de impressionantes 6,7 mil quilômetros de extensão.

Agora, antes de irmos em frente, há algo que você tem de lembrar sobre o Egito: o Alto Egito fica embaixo e o Baixo Egito fica no alto. É importante mentalizar isso, porque é no Alto Egito, ou seja, lá embaixo, que as coisas começam a acontecer. No oceano Índico, que está a leste da África, ocorrem todos os anos as famosas "monções", que nada mais são além de ventos. Essas monções provocam chuvas torrenciais, que caem sobre o grande afluente do Nilo, na verdade a continuação do rio, chamado de "Nilo Azul". Então imagine um bloco d'água subindo, ou melhor, descendo do sul para o norte, cortando a África, passando por vales, montanhas e selvas, até finalmente desaguar no "Nilo Branco", que é o Nilo propriamente dito, agora já dentro do Sudão. O volume imenso d'água segue seu caminho e aí surge uma sequência de seis cataratas, da sexta, mais ao sul, para a primeira, mais ao norte. A primeira é o ponto onde começa o Egito. Como se fosse o Chuí para o Brasil.

Mas o caminho das águas não se detém na fronteira, segue rumo ao norte, desbordando das margens do Nilo, porque o leito do rio torna-se pequeno para a parede líquida. E foi isso, essa enchente anual, que construiu o Antigo Egito. Muito antes de a civilização florescer naquela região, há talvez uns 10 mil anos, os homens já esperavam as cheias do Nilo com a expectativa de um funcionário público aguardando pela sexta-feira. Quando o rio começava a vomitar para fora de suas bordas, os homens recuavam para ondulações do terreno chamadas de "Cascos da Tartaruga" e lá esperavam. Quando o rio retornava ao seu leito natural, deixava na terra sedimentos ricos, perfeitos para a agricultura. Era um corredor fértil que os egípcios usavam com sabedoria para plantar e sobreviver.

Mas tudo isso acontecia sem muito método, até que, por volta de 5,5 mil anos antes de Cristo, eles tiveram contato com os sumérios. Os sumérios sabiam das coisas havia muito, muito tempo. Trouxeram com eles bois e vacas, trouxeram variedades novas de trigo e cevada, trouxeram um invento engenhoso, o arado, e outro mais engenhoso ainda, a roda. Trouxeram também a escrita e as técnicas de irrigação.

E assim começou a grande aventura desse povo único, os egípcios.

11

Das coisas determinantes da vida, poucas são tão determinantes quanto a geografia

Alguns cientistas, porém, talvez não concordem com isso. Agora mesmo, enquanto seu olhar passa por entre as pernas abertas do a maiúsculo de Agora, cientistas estão focinhando nas ruínas do edifício que eles acreditam ser o mais antigo da história humana. Para eles, essa descoberta é estrondosa, é uma revolução, algo que está mudando seus conceitos e suas crenças e que vai reescrever os livros de História. Trata-se de Göbekli Tepe, uma estrutura de pilares e esculturas parecida com a inglesa Stonehenge, só que situada na Turquia e com mais de 11,5 mil anos de idade. Só para se ter ideia do quanto é velha essa construção, lembre-se que a Grande Pirâmide de Quéops tem 4,5 mil anos.

Os arqueólogos estão espantados com Göbekli Tepe por várias razões, além da sua antiguidade. Uma delas é a localização. Göbekli Tepe não foi erguida às margens do Nilo, nem no vale fértil que se espreguiça entre o Tigre e o Eufrates, onde se acredita que nasceu a civilização. Mais surpreendente ainda: não há veios d'água por perto. Quer dizer: as pessoas não moravam ali, apenas usavam o lugar em datas específicas, eventos religiosos, algo do gênero.

Isso tudo está intrigando os cientistas e fazendo com que eles revejam seus conceitos sobre o que chamam de Revolução Neolítica. Para eles, a Revolução Neolítica foi um evento isolado ocorrido na Mesopotâmia: de repente, numa explosão de gênio criativo semelhante ao surgimento de Pelé e Garrincha na mesma seleção, ou de Michelangelo e Leonardo na mesma península, os seres humanos se fixaram no solo, inventaram a agricultura e ligaram a ignição do motor da civilização. Agora, devido à descoberta de Göbekli Tepe e outras vetustas novidades arqueológicas em todo o mundo, os cientistas começam a reconsiderar. Já estão cogitando que a civilização não foi obra da agricultura, e sim da religião. Suspeitam, os cientistas, que os homens começaram a se civilizar para satisfazer suas necessidades espirituais: para cumprir com ritos, para estabelecer liturgias.

Como sempre digo e repito, e repetirei agora, o grande problema das ciências humanas é que elas não são exatas. A matemática, por exemplo, é muito reconfortante com suas certezas inalteráveis. Você analisa um cálculo qualquer, digamos o clássico 2+2, e sabe que seu resultado será sempre o mesmo. No caso, 4. É tão bom isso. É tão seguro, tão reto, tão dignamente previsível. Se tudo fosse assim, matemático, a vida estaria resolvida. Os psicanalistas e os advogados estariam todos desempregados; não haveria guerras ou quizílias invencíveis. Se bem que, há de se admitir, não haveria o que é chamado de a Grande Arte, porque não haveria aflições para torturar a alma de um Beethoven, de um Mozart, de um Van Gogh, de um Dostoiévski, e a Grande Arte só se faz com grandes aflições. Sem dor não existe grandeza.

As pessoas sabem disso. Então, empenham-se para transformar as variantes da existência em fórmulas científicas. Donde a existência das tais "ciências humanas". Repare no esforço que as ciências humanas fazem para merecer justamente esta denominação: ciências.

A história, o direito, a linguística, a psicologia e tantas outras ditas ciências estão sempre tentando transformar o subjetivo no objetivo, sempre criando regras e estabelecendo padrões. Mas, de repente, novas descobertas ou simples mudanças de comportamento esgarçam essas regras e derrubam os padrões. Aí, tudo aquilo que era certeza se esfumaça. E lá vêm novas regras, novos padrões.

Por que isso?

Porque as ciências humanas são interpretativas. Ou seja: não são demonstrativas, dependem das deduções dos cientistas acerca de suas descobertas.

O que me faz suspeitar que não sejam exatamente ciências.

E é aí que entra o exemplo luminoso de Göbekli Tepe. Os cientistas empregaram as ciências exatas para desvendar os segredos daquele sítio arqueológico. Empregaram georradares dotados de ondas de rádio e ondas eletromagnéticas capazes de apontar objetos enterrados a até dez metros de profundidade; empregaram leitores de fluxo magnético Fluxgate Gradiometer FM 256, que localizam artefatos de metal e de cerâmica mesmo debaixo de densas camadas de terra; empregaram Geoscans RM15-D Resistance Meter, que descobrem construções maiores sob o solo, como paredes e ruínas de casas; empregaram o Timble Total Station 3600, que localiza objetos com precisão graças à utilização de raios laser; os arqueólogos empregaram ainda testes de carbono 14 e de luminescência, empregaram seus profundos conhecimentos de minudências da vida cotidiana de nossos mais remotos antepassados, empregaram toda a sua paciência e critério ao desenterrar, polir e montar pequenos pedaços de madeira, metal, pedra ou cerâmica para os quais olhares não treinados não dariam a menor importância e os classificariam como lixo desprezível. Ciência! Os arqueólogos usaram ciências exatas para descobrir Göbekli Tepe.

Mas, para interpretar o que descobriram com as ciências exatas, eles usaram as maleáveis, impalpáveis e imprecisas faculdades humanas. Colocaram em ação seus poderes dedutivos.

E erraram.

Porque os cientistas acreditam que houve uma mudança fundamental no espírito dos seres humanos que se estabeleceram na Mesopotâmia por volta de 8 mil anos antes de Cristo, e que essa mudança os empurrou para a civilização. Ou seja: os cientistas consideram a civilização uma evolução. Eu aqui, modestamente, deduzo que Göbekli Tepe prova o contrário. Prova que o homo sapiens sempre teve condições de civilizar-se, e não o fazia porque não queria. Não apenas Göbekli Tepe, há muitas outras ruínas sendo descobertas no século XXI, ruínas antiquíssimas que mostram que o homem sabia construir antes de "inventar" a agricultura. O que quero dizer é que a agricultura não foi uma evolução. Viver da agricultura, trabalhando no campo de sol a sol, sem domingos e feriados, é duríssimo. É um trabalho árduo, que escraviza o homem ao clima e à terra. O homem passou a viver PIOR depois de inventar a agricultura.

Por que, então, ele inventou a agricultura e civilizou-se?

Porque foi obrigado.

O que o obrigou?

A geografia. Como já disse, às margens do Nilo, do Tigre e do Eufrates havia pouco espaço para o nomadismo e muito espaço para o sedentarismo.

A geografia...

Pois a geografia que empurrou o homem para a civilização fez do egípcio um povo único, que por milênios manteve pouco contato com estrangeiros. Ombreado pelo deserto, mas tendo duas franjas dóceis do Nilo ao seu dispor, o egípcio pôde viver em paz por séculos. Não havia opressores ou inimigos que o incomodassem. Esse período foi fundamental para que a civilização fermentasse, para que a alma do novo homem se desenvolvesse e preparasse a herança que seria legada ao Ocidente.

Que povo era esse, que há vinte séculos não existe mais?

Bem.

O Egito era, e é, um lugar de clima quente. Logo, o vestuário das pessoas pode e deve ser simples. Os homens, no Antigo Egito, usavam apenas saiotes de linho, e as mulheres, uma combinação que foi a precursora do tailleur. As roupas eram de preferência brancas, por uma questão de higiene. Os egípcios eram muito higiênicos, como a maioria dos povos que vivem em lugares quentes à beira d'água. Raspavam a cabeça para evitar piolhos. Os ricos tapavam-se com perucas. Para proteger-se do sol, usavam barretes de couro. Até o faraó vestia-se dessa forma, distinguindo-se pelo cetro ou por colares cerimoniais.

Nas festas, os anfitriões recebiam os convidados na porta de casa, oferecendo-lhes um cone de gordura com essências aromáticas de um palmo de altura. Os convidados, principalmente as mulheres, equilibravam o cone no alto da cabeça e se misturavam aos comensais, caminhando bem retinho para não deixar o cone cair. Com o calor, a gordura ia derretendo, escorria pelos cabelos, pelo rosto e pelo corpo. Os egípcios achavam isso muito bonito e cheiroso. Eu acho uma nojeira.

Os arqueólogos nunca encontraram, nas pinturas ou hieróglifos, a representação de um único egípcio com barba. Barbudos, só estrangeiros. Um egípcio, se deixasse crescer a barba, é porque estava de luto. O hieróglifo que significa "dor" é, não por coincidência, o mesmo de "cabelo".

As egípcias untavam a pele com cremes, delineavam os olhos com lápis coloridos, examinavam o rosto em espelhos, dispunham do mesmo arsenal de beleza que, cinco mil anos depois, faz com que as mulheres se atrasem irritantemente quando vão sair com seus pacientes maridos e namorados. No Louvre e no Museu Britânico você pode encontrar pequenos potes com cremes de quarenta séculos de idade. Olhe para eles e pense que um dia uma jovem morena egípcia amaciou a pele de seu belo rosto com aquela substância. Ela se mirou no espelho do seu toucador da Antiguidade e suspirou por um rapazote de queixo forte, e perguntou-se se ele seria o homem da sua vida, e se um dia eles iriam casar e ter filhos. As mulheres fazem isso desde sempre, e sempre o farão.

Não por acaso, os egípcios são considerados os inventores da indústria cosmética.

O camelo só foi aparecer no Egito cerca de mil anos antes da nossa era. Os animais de carga eram o burro e o boi. Os sumérios inventaram a roda, mas os egípcios demoraram a absorver essa invenção tão prática. Porque nos primeiros 2 mil anos mantiveram-se isolados, sim, mas também porque contavam com um eficiente meio de transporte: a barca de junco que conduzia pessoas, animais e mercadorias pelo Nilo e por seus canais. Ou seja: por todo o país.

Como não havia florestas na região, eles só podiam construir navios com madeira importada, em geral do Líbano. Assim, os egípcios não se aventuravam no mar, o que lhes aumentava o isolamento.

Há um caso interessantíssimo a esse respeito. Algo que, se fosse mais difundido, mudaria uma parte da História oficial. É o seguinte: no colégio ensinam que Bartolomeu Dias foi o primeiro a dobrar o Cabo da Boa Esperança com suas caravelas, certo?

Errado.

Os primeiros a dobrar o Cabo da Boa Esperança foram os fenícios, vinte séculos antes dele, a mando dos egípcios. Parece uma história inverossímil, mas é verdadeira, e quem o provou, acredite, foi o próprio Sol.

Por volta de 600 a.C., o faraó Necho II queria descobrir uma forma de circunavegar a África, na época chamada de Líbia. A ideia era sair do Mar Vermelho em direção ao sul e chegar ao Delta do Nilo, no Norte do Egito. Hoje você sabe que isso não é tão fácil, porque você olha para o mapa e vê que, abaixo do Saara, existe toda uma África com leões, gnus, elefantes e traiçoeiros times do Mazembe. Mas naquela época os egípcios não tinham mapas, não sabiam de nada disso e achavam que a África (ou Líbia) era bem curtinha. Foi aí que o faraó contratou um grupo de fenícios para a empreitada. Escolheu-os porque eles eram ótimos marinheiros, ao contrário dos egípcios, que só navegavam pelo Nilo, que é grande, mas é rio.

Bem. Os fenícios saíram e se foram. E se foram e se foram e se foram, e aquela viagem não terminava mais. Olhavam à direita e só viam terra – a imensa costa africana. Continuaram descendo por meses, até que cruzaram o Trópico de Capricórnio e viram algo que os assombrou: o sol estava ao norte, não mais ao sul.

Agora há que se fazer um comentário sobre isso de trópicos, para o que vou abrir um naco especial de texto. O seguinte:

Você sabe que existem dois trópicos: o de Câncer, acima, ao norte, e o de Capricórnio, abaixo, ao sul. O de Capricórnio passa pelo Brasil, sobre o estado de São Paulo.

A África tem mais sorte e mais tamanho, e é cruzada por ambos.

Outra coisa que você sabe é que durante o dia o sol se desloca de leste para oeste. Ou, antes: como já disse Galileu Galilei, é a Terra quem se move. Mas parece que é o sol.

Enfim.

Durante o ano, o sol se desloca de norte a sul, mas vai apenas de um trópico a outro. Então, quem vive nas imediações do Mediterrâneo, caso dos fenícios, egípcios, gregos e outros povos antigos, bem como dos mais modernos alemães, tal qual Einstein e Beckenbauer, além das loiras suecas, holandesas e dinamarquesas, todos esses sempre enxergam o sol ao sul. Foi por isso que os fenícios se espantaram quando viram o sol ao norte, no dia em que cruzaram o Trópico de Capricórnio, e é por isso que sabemos, no século XXI, que eles contaram a verdade a respeito de terem cruzado o Cabo da Boa Esperança no século VI a.C. – porque naquele tempo os trópicos de Câncer e Capricórnio não tinham sido nominados. Não existiam, pois ninguém sequer acalentava suspeitas acerca desse comportamento do sol. As pessoas achavam que o sol só se deslocava de leste para oeste, da manhã à tardinha.

Portanto, os fenícios dobraram o Cabo da Boa Esperança, subiram pela costa Oeste da África e, depois de três anos de viagem, entraram pelas Colunas de Hércules, hoje chamadas de Gibraltar, de volta para casa. Deram toda a volta no continente africano, um feito inigualável. Tudo por encomenda dos egípcios, que, durante milênios, evitaram navegar no mar. Para os egípcios, a água doce do Nilo era o que bastava.

Aliás, os egípcios não chamavam o Nilo de Nilo, nem os hieróglifos de hieróglifos, nem as pirâmides de pirâmides e nem Egito de Egito. Em geral esses são nomes gregos, ou árabes, ou uma mistura de línguas antigas. O Egito eles chamavam de diversos nomes: Taui, "Duas Terras" ou "Dois Países", e mais frequentemente de Khemi, "Terra Negra". Eles só foram adotar a moeda no fim de sua história, com os ptolomeus, que eram gregos. O comércio exterior era feito por meio de trocas. Os vizinhos com os quais mais se relacionavam eram os povos da Palestina e da Mesopotâmia, terras que chamavam de Retenu.

Agora preciso falar algo, mais do que importante, emocionante a respeito das realizações desse povo admirável. Não pense nas pirâmides, não pense na esfinge, não pense nas múmias, nos templos e nos monumentos. Pense que foram eles que inventaram... a cerveja!

Que dívida nós temos para com os egípcios! Civilizados que eram, incluíam a cerveja em sua dieta diária. Bebiam cerveja a todo momento, velhos, adultos e até crianças. As mães levavam cerveja aos filhos que estavam na escola, para um saudável lanche da tarde.

Na noite da próxima sexta-feira, quando você estiver bebendo com seus amigos, erga um brinde aos antigos e sábios egípcios.

Agora, em meio às celebrações, há algo triste a contar sobre eles: não comiam batatinha frita. Por dois motivos:

1. Não conheciam a batata, um produto das Américas que só foi introduzido no resto do mundo 1,5 mil anos depois de Cristo, e

2. Não conheciam o processo de fritura.

A vida sem fritura, você sabe, pode ser uma vida mais magra, mas é menos divertida.

As comidas dos egípcios eram assadas no espeto ou no forno. Também faziam sopas, que serviam de molho, trinchavam pães e bolachas e adoçavam os alimentos e os dias com mel. Já existia colher, mas não garfo.

Em vez de vaso sanitário, ricos e pobres usavam uma banqueta alta instalada sobre um buraco na terra. Feitas as necessidades, jogavam areia em cima, como os gatos.

A propósito, os egípcios adoravam gatos. Adoravam mesmo: os bichanos eram considerados divinos. Até por causa de sua utilidade, já que uma casa com gatos dificulta a vida dos ratos e das serpentes, estas abundantes no deserto que ladeava o país.

Como as casas eram construídas com tijolos de barro, raras sobraram, mas os arqueólogos sabem que as dos pobres tinham em geral três cômodos. Como sempre fez muito calor por aquelas bandas, a vida era vivida mesmo na rua, de preferência à sombra.

Algo engraçado sobre os antigos egípcios: eles não beijavam na boca, mas esfregavam a ponta dos respectivos narizes uns nos outros. Beijo de esquimó. Entre eles não existia o tabu da virgindade e, apesar de se casarem muito cedo (as meninas com doze anos, os meninos com quinze), faziam sexo por prazer, sem restrições, e a poligamia masculina era tolerada sem problemas. O homossexualismo, porém, não era bem aceito.

As pirâmides não foram construídas por escravos, e sim por trabalhadores livres. Esses operários eram os agricultores que, durante os três meses de cheias do Nilo, saíam de suas terras e trabalhavam para o faraó como pagamento de impostos e em troca de alimentos e roupas. A primeira greve registrada pela História foi promovida por operários de pirâmides que estavam com os salários atrasados.

Concluindo, os egípcios não viviam uma vida muito diferente da sua. Verdade, não havia trens, carros, telefones celulares, televisores e geladeiras, nada disso. Mas eles já haviam dado a partida na máquina da civilização. Tudo isso era questão de tempo.

12

Como Napoleão descobriu que era traído pela mulher

Foi no Egito que Napoleão descobriu que era um marido traído. Aconteceu logo depois de vencer uma batalha militar. Estava em Gizé. A noite estrelada e profunda do deserto o fazia pensar em Josefina, que deixara em Paris. Sentia ciúmes e, como todo homem que sente ciúmes, precisava falar com um amigo. Chamou um de seus principais generais, Junot, e suspirou:

– Me diga, Junot: você acha que Josefina é fiel?

É claro que esperava que Junot respondesse:

– Fidelíssima. Ela é uma monja!

Mas agora quem suspirou foi o general. Decidiu contar-lhe a verdade, e a verdade era excruciante: Josefina se revelara uma adúltera contumaz, e todos em Paris sabiam disso. Junot não parou por aí. Forneceu uma lista pormenorizada dos amantes da mulher do homem mais poderoso do mundo: garotões louros, musculosos e altos, como Napoleão não era. A dor da cornitude devorou as entranhas do conquistador da Europa. Napoleão saiu uivando pelos aposentos, jurou que pediria o divórcio e anunciou que, aos 29 anos de idade, sentia-se um ancião. Sua vida tinha perdido a cor e a graça.

Mas nem o divórcio nem a senilidade precoce aconteceram. Napoleão era um homem forte. Aos poucos, foi reagindo. E foram duas as principais causas da reação. A primeira era uma causa loira e sinuosa chamada Pauline. O mesmo Junot que revelara ao comandante sua condição de corno notório informou-o de que adejava, entre os 34 mil homens do exército em campanha no Egito, uma beldade de vinte aninhos que se travestira de soldado para acompanhar o marido, um tenente do 22º Regimento de Caçadores. Napoleão achou a informação interessante. Junot, então, deu um jeito de apresentar-lhe Pauline. Napoleão encantou-se com seu corpo esbelto e curvilíneo e seus cabelos dourados, que, segundo se dizia na tropa, eram tão longos que podiam servir-lhe de capa. A próxima medida de Napoleão foi enviar o marido de Pauline para uma providencial missão bem longe dali. O marido foi, Pauline ficou, e Napoleão partiu para o ataque.

Pauline fez como a Itália: cedeu.

A segunda causa da recuperação de Napoleão não foi tão empolgante quanto uma loira de vinte anos de idade, mas foi elevada. Chamava-se "Instituto do Egito", a sociedade que o conquistador fundou para desenvolver as ciências e as artes no país que pretendia dominar. Napoleão adorava o Instituto do Egito e empolgava-se com seus trabalhos. Com bons motivos. Foi o Instituto que, na prática, "descobriu" o Antigo Egito para o Ocidente.

O Instituto do Egito na verdade foi a reunião dos 167 cientistas convocados por Napoleão para participar da campanha no Oriente. Eram engenheiros, arqueólogos, botânicos, matemáticos, artistas, todo um time de sábios chamados os "savants de Napoleão" (savants significa "sábios" ou "estudiosos" em francês).

O que Napoleão pretendia era imitar seu ídolo, o ídolo de todos os militares que um dia sonharam em conquistar o mundo e até dos que não sonharam: Alexandre, o Grande. Em sua longa campanha da Macedônia até a Índia, Alexandre levou filósofos que registraram e refletiram sobre tudo o que viam. Napoleão queria fazer o mesmo. Queria encher de luzes aquela região bárbara do planeta, dominada por mamelucos, e, se possível, desvendar a misteriosa civilização egípcia.

O adjetivo "misteriosa" não foi embutido na última frase por acaso. Até aquela época, 1799, o mundo não conhecia quase nada sobre o Antigo Egito. Simplesmente porque a escrita egípcia, os hieróglifos, ainda não havia sido decifrada. Ninguém sabia o nome dos faraós, as façanhas que haviam cometido ou o significado das pirâmides e das múmias.

Até que um dos soldados franceses descobriu, semienterrada na areia da cidade de Rosetta, uma pedra de granito negro de um metro e quinze de altura. O soldado, que não devia ser nada burro, percebeu que havia inscrições gravadas na pedra, supôs que aquilo poderia ser importante e avisou seus superiores. Que também não foram nada burros e enviaram a pedra para os savants, então instalados no Cairo, em um salão de um harém. Lugar inspirador, portanto.

Essa estela é a famosa Pedra de Rosetta, que continha inscrições em hieróglifos, grego e copta. De imediato, os cientistas tiraram cópias das inscrições. Uma sorte, já que não muito tempo depois os ingleses atacaram os franceses e os derrotaram. Napoleão e a maioria dos savants voltaram para Paris, e a Pedra de Rosetta ficou no Egito. Os ingleses a transferiram para Londres, onde ainda está. Eu mesmo a vi no Museu Britânico.

Quem a decifrou sem tê-la visto foi o gênio linguista francês Champollion.

Gênio. Champollion era um gênio. Hoje somos muito liberais para classificar alguém como gênio. Qualquer compositor popular que rabisca versos de amor e faz sonhar as menininhas, qualquer jornalista que escreve crônicas graciosas em dois quintos de página de jornal, qualquer escritor de romances depressivos e pretensamente profundos é chamado de gênio.

Injustiça com os verdadeiros gênios.

Vou descrever agora um verdadeiro gênio. No caso, gênio da linguística.

Jean-François Champollion nasceu em Figeac em 1790. Dez anos depois, sabia falar latim e grego, além de todas as línguas europeias. Por essa época, começou os estudos de hebraico. Aos treze, já lia e escrevia em árabe, siríaco e caldaico. Falava copta consigo mesmo para treinar a pronúncia. Antes dos quinze, aventurou-se na gramática chinesa "para se distrair". Em seguida, aperfeiçoou-se no zenda, no pálavi e no farsi. Aos dezessete, escreveu um livro elogiado pela Academia de Grenoble: *O Egito sob os faraós*. Aos dezenove, tornou-se professor universitário.

Champollion entrou em contato com os mistérios do Egito ainda criança e, ainda criança, prometeu a si mesmo decifrar os hieróglifos. Trabalhando vinte anos em cima das cópias tiradas pelos savants da Pedra de Rosetta, ele conseguiu. Champollion foi o primeiro a compreender que a escrita egípcia não era apenas ideográfica, como a chinesa: era também fonética, como a ocidental. Para se ter ideia da façanha, pense que ninguém nem sequer suspeitava se os hieróglifos eram lidos da esquerda para a direita, da direita para a esquerda, de cima para baixo ou de baixo para cima.

Champollion, aos poucos, foi desvendando a charada. Cada sentença hieroglífica é inserida em um retângulo elíptico. O que está dentro é lido de cima para baixo, mas a ordem dos retângulos pode ser da esquerda para a direita ou da direita para a esquerda. O leitor se orienta pela posição das figuras, que estão sempre voltadas para o começo da frase.

Alguns historiadores suspeitam que os hieróglifos sejam mais antigos até do que a escrita cuneiforme dos sumérios. Mas antes de 3000 a.C. e de Menés, o primeiro faraó, os hieróglifos, de fato, deviam ser somente ideogramas, como a escrita chinesa. Isso significa que para cada palavra havia um desenho específico, o que não é nada prático – como você já sabe, o mandarim chega a ter 40 mil caracteres. Porém, os inteligentes egípcios logo bolaram um método menos complicado de escrever. Foi uma evolução mais ou menos natural. Assim: nos hieróglifos não existem vogais, assim como não existem no hebraico. Logo, uma palavra como "ramo" seria escrita "rm". O sinal para "ramo", ou "rm", era, com efeito, um raminho. Um dia, algum egípcio muito esperto percebeu que poderia usar o mesmo símbolo (o raminho) para designar outra palavra que tivesse "rm", como "remo" ou "rumo" ou "rima". Uma palavra ainda maior, como "arrimo", "eremitério" ou "aroma" também poderia ser escrita utilizando-se o raminho, mais algum sinal. Dessa forma, o raminho transformou-se em "rm" e foi utilizado para escrever até o que tivesse essas consoantes invertidas, como "amor".

É o mesmo princípio que descrevi usando como exemplo a palavra pato.

Empregando seu profundo conhecimento das mais variadas línguas, Champollion descobriu o sentido dos hieróglifos. Um mundo se abriu. Um mundo antigo, da idade da civilização. Um mundo que ainda vive no mundo de hoje.

13

Os hábitos do crocodilo

"Falemos agora do crocodilo e de seus hábitos. Esse animal não se alimenta durante os quatro meses mais rudes do inverno. Embora possua quatro patas, é anfíbio. Põe os ovos em terra e ali os choca. Passa fora d'água a maior parte do dia e a noite inteira no rio, porque a água é então mais quente do que o ar e o orvalho. De todos os animais que conhecemos, não há um que se torne tão grande depois de ter sido tão pequeno. Seus ovos não são maiores do que os do ganso, e os animalejos que deles saem são-lhes proporcionais em tamanho. O crocodilo é o único animal que não possui língua, não move o maxilar inferior e é também o único a aproximar o maxilar superior do inferior. Tem garras muito fortes, e a pele é de tal maneira coberta de escamas que se torna impenetrável. O crocodilo não enxerga absolutamente na água, mas fora dali tem a vista muito penetrante. Como vive na água, traz dentro da goela numerosos insetos, que lhe sugam o sangue. Os outros animais e os pássaros o evitam, sendo o troquilídeo (colibri) o único com quem vive em harmonia, devido aos benefícios que dele recebe. Ao sair da água, o crocodilo espoja-se e põe, habitualmente, as fauces às escâncaras na direção de onde sopra o Zéfiro. Entrando-lhe pela boca, o troquilídeo come todos os insetos que se encontram na sua goela, deixando-o aliviado e reconhecido."

Essa sensacional descrição do crocodilo do Nilo foi composta há cerca de 2,5 mil anos pelo grande Heródoto, fascinado que estava com todas as coisas que viu em sua viagem pela terra dos faraós. Em seu livro fundador da História, de título, bem, *História*, Heródoto escreveu que se estenderia mais em seus comentários sobre o Egito "por encerrar ele mais maravilhas do que qualquer outro país; e não existe lugar onde se vejam tantas obras admiráveis, não havendo palavras que possam descrevê-las".

Mesmo não havendo palavras que pudessem descrevê-las, Heródoto gastou milhares delas na tentativa. E alcançou êxito, embora, naturalmente, tenha cometido algumas imprecisões. Por exemplo: o crocodilo possui língua, sim, e move o maxilar inferior.

Antes de Champollion fazer sua descoberta revolucionária, Heródoto era a melhor fonte para se abastecer sobre o Egito. Tratava-se de uma testemunha ocular da vida naquela antiquíssima civilização. Heródoto contou muitas coisas interessantes. Tais como:

"No Egito, as mulheres vão ao mercado e negociam, enquanto os homens, encerrados em casa, trabalham no tear (...) As mulheres urinam em pé; os homens, de cócoras". Ou então, a respeito do amor das pessoas por seus animais de estimação: "Se em alguma casa morre um gato de morte natural, o morador raspa somente as sobrancelhas; se morre um cão, raspa a cabeça e o corpo todo. Os gatos mortos são levados para mansões sagradas e, depois de embalsamados, enterrados em Bubástis. Quanto aos cães, são enterrados em suas respectivas cidades, dentro de ataúdes sagrados. As mesmas homenagens são prestadas aos icneumos. Os musaranhos, os gaviões e os íbis de Heliópolis são transportados para Buto; mas os ursos, muito raros no Egito, e os lobos, pouco maiores do que as raposas, são inumados no próprio local em que foram encontrados mortos".

Viu como o Antigo Egito era interessante? Lá havia icneumos e musaranhos.

Um relato importante de Heródoto é o que revela as minúcias da preparação de uma múmia:

"Primeiramente, extraíam os miolos pelas ventas com um gancho de ferro, e o que não saía assim era tirado com infusão de drogas. Depois, com uma pedra cortante, faziam uma abertura de lado e extraíam as entranhas; e tendo limpado o abdômen, lavavam-no com vinho de palmeira e o aspergiam com estudados perfumes. Enchiam depois a cavidade com pura mirra, cássia e outras essências, e costuravam o corte; e feito isso maceravam o defunto em natro durante setenta dias; não era legal exceder esse prazo. Ao fim dos setenta dias, lavavam o corpo, enleavam-no em bandas de pano encerado e o empapavam de goma, que no Egito é usada em vez de cola. Em seguida punham o corpo numa caixa de madeira com a forma dum homem, fechavam-na e guardavam-na em câmara sepulcral, de pé, encostada à parede".

Múmias e pirâmides, é no que as pessoas pensam quando ouvem falar no Egito. Múmias e pirâmides. O que são? Múmias são pessoas mortas, pirâmides são túmulos. Portanto, o Antigo Egito só vive entre nós por causa da morte. Porque aquele povo, aquele tipo de pessoas que viviam ao longo do Nilo há 5 mil anos, esses não existem mais. É uma raça desaparecida, que se fundiu com dezenas e até centenas de outras na poeira dos séculos. O que continua vivo do Antigo Egito é o que sobrou das suas crenças. Da sua religião. Os egípcios acreditavam que o corpo era habitado por algo parecido com a alma dos cristãos, o ka, e esse ka seria melhor preservado se preservado fosse o corpo. Assim, a mumificação tentava manter íntegro o corpo, e a pirâmide lhe fornecia a casa eterna.

Há uma ironia aí. Como já vimos, as religiões só existem devido à morte. Porque a morte ronda o homem, assombra-o e o fascina desde os tempos do primeiro neandertal. O homem, quando toma consciência da inevitabilidade da morte, não faz outra coisa na vida senão tentar tornar-se imortal. O homem tem filhos, escreve livros, compõe sonatas, pinta quadros e faz a guerra para tentar vencer a morte. E é por isso também que ele funda religiões. As religiões não são nada além da expressão desesperada do homem que quer viver, mas sabe que vai morrer, do homem que não admite que tudo o que ele é, tudo o que ele sente e pensa, que todo o seu universo vá se apagar para sempre, provavelmente sem deixar rastro, sem posteridade, sem maiores lamentações.

Então, ele imagina que exista algo maior e além. Uma vontade externa, uma entidade que não apenas o protege contra a miríade de misérias da vida como dá sentido a tudo que acontece, mesmo que seja ruim, mesmo que PAREÇA não ter sentido. E se a existência tiver sentido, dando sentido também à morte, então o homem se torna imortal. Eis o esforço das religiões. Os egípcios acreditavam que não só o espírito, mas também o corpo do homem continuava existindo depois que o coração parava de bater; os cristãos têm fé na reencarnação e num céu repleto de anjos tocadores de harpa; os hebreus aguardam o dia do Juízo Final, em que as almas serão pesadas na balança do Senhor; os muçulmanos torcem para ir para o Sétimo Céu, onde os espera tudo o que lhes é interdito em vida: 72 huris formosas e vinho abundante sem a ressaca consequente. Ao mesmo tempo, os egípcios ergueram pirâmides assombrosas na areia do deserto, os hebreus escreveram um best-seller que atravessa séculos com idêntico sucesso, os cristãos encheram a Europa e as Américas de catedrais e os muçulmanos pontilharam o Oriente Médio com mesquitas. Essas obras são indestrutíveis, seguem intactas por gerações sem fim e, dessa forma, fazem com que as religiões alcancem seu objetivo: tornam o homem imortal.

Feita essa digressão, voltemos às múmias e às pirâmides.

14

Pãozinho de múmia

Um dos itens da dieta dos ingleses do século XIX eram deliciosos pãezinhos feitos com trigo fertilizado por... múmias egípcias de 5 mil anos de idade.

Sério.

Múmias.

Mais: múmias de gatos.

Em 1888, um fazendeiro egípcio, ao escavar a terra seca de sua propriedade, descobriu um imenso cemitério de múmias de felinos. Eram centenas de milhares delas, tantas que as crianças do vilarejo as colhiam do solo e as ofereciam por quaisquer trocados aos turistas ocidentais. Num tempo em que não havia raio X nos aeroportos, em que não havia nem aeroportos, os turistas enfiavam as múmias no fundo da bagagem e, ao chegar à Europa, as expunham na estante da sala, como se fossem berimbaus da Bahia ou sombreros mexicanos.

Outros europeus encontraram uso mais prático para as velhas múmias. Descobriram que, picadas, trituradas e transformadas em farelo, elas viravam eficientes fertilizantes. Assim, cargas enormes de múmias (ou seja, de mortos) eram transportadas nos navios. Um transatlântico chegou a levar 180 mil múmias de gatos de um continente para o outro. Na Velha Álbion, as múmias milenares foram usadas para adubar a terra dos jardins de Liverpool.

A edição de novembro de 2009 da revista *National Geographic* contou em detalhes essa história. Procure-a. É muito instrutiva. Porque conta algo importante a respeito dos egípcios: como eles valorizavam seus animais de estimação, bem como a ideia de preservar os corpos, todos os corpos, de bichos e de homens, para as aventuras na vida eterna.

Aí estão duas palavras essenciais para se compreender o Antigo Egito:

Vida

e

Eterna.

Os egípcios acreditavam que viveriam depois da morte e que, nessa nova existência, usariam o corpo que entrara em falência, se alimentariam da comida que os sustentava e se relacionariam com as criaturas que lhes haviam servido de companhia. Quando os bichos de estimação morriam, portanto, seus corpos também deviam ser preservados para que acompanhassem os donos pelo caminho reto da eternidade. Por isso, há espalhadas pelos museus do mundo múmias de gatos, de cachorros, de crocodilos e até de íbis, que, além de ser o pior time do mundo, é um pássaro pernalta que vive no Nilo e, segundo o poeta satírico romano Juvenal, "se alimenta de serpentes". Eu mesmo já vi múmias de gatos e de pequenos crocodilos. E, claro, de seres humanos.

As múmias humanas que atravessaram os milênios de civilização em melhor estado são, evidentemente, as dos ricos. O processo de mumificação era caro e trabalhoso, como você já percebeu ao ler o texto de Heródoto. A areia e o clima seco do deserto ajudavam a preservar os corpos, mas, no caso de alguns faraós, foram seus túmulos monumentais que os conduziram à admiração da posteridade.

Estou falando das pirâmides.

"Toda a gente teme o tempo, mas o tempo teme as pirâmides", diz um provérbio árabe. Compreensível. Não há como não se espantar com essas sepulturas magníficas. A maior das oitenta que emergem das areias do Egito é a de Quéops, chamada de "A Grande Pirâmide". Não por acaso: quando foi construída, em 2500 a.C., a pirâmide de Quéops tinha quase 150 metros de altura. Algo como um prédio de cinquenta andares. Era toda revestida de mármore; imagine-a refulgindo à luz intensa do deserto. Trata-se da estrutura mais pesada jamais erguida por mãos humanas: tem 2,5 milhões de blocos de pedra, cada um pesando, em média, duas toneladas e meia, os da base com 150 toneladas. Em 4,5 mil anos, a Grande Pirâmide perdeu uns dez metros de altura. Porque os ladrões lhe roubaram todo o revestimento e porque o tempo faz diminuir prédios e pessoas.

A segunda maior pirâmide é a do filho de Quéops, Quéfren. Ele foi o segundo em tamanho de pirâmide, mas, em compensação, a Esfinge tem o seu rosto (e não o de uma mulher, como muitos acreditam), além de corpo de leão e asas de águia.

A pirâmide menor é a do sucessor de Quéfren, Miquerinos. Os arqueólogos acreditam que as pequenas pirâmides do complexo de Gizé, humildemente ao pé dessas três grandes, eram as sepulturas das rainhas dos faraós.

Ao contrário do que a História consagrou, as pirâmides não foram construídas por escravos, e sim por trabalhadores livres que até greves promoveram. Bem, óbvio: liberdade para a Antiguidade, entenda-se. Os operários das pirâmides eram, em sua maior parte, camponeses que deviam pagar impostos ao faraó pela posse da terra. Durante o período das cheias do Nilo, entre julho e setembro, eles eram convocados para o, digamos, serviço público. Depois voltavam para trabalhar em suas terras.

Não é tão simples contar como era a vida no Egito. Porque a vida muda com o passar do tempo, você sabe. Então, pense no seguinte: a história do mundo ocidental é narrada a partir do nascimento de Cristo, mais de 2 mil anos atrás. Certo. Tire 2 mil anos da história do Antigo Egito e ainda haverá outros milhares de anos a serem relatados. Para simplificar, contabilize apenas a história do Egito centralizado politicamente, o Egito dos faraós: são 3 mil anos. Três mil! Muita coisa muda nesse pedaço de tempo.

Para tentar organizar essa história em sua cabeça, lembre-se que são trinta dinastias de faraós em trinta séculos. Não trinta faraós: trinta dinastias. O unificador do Egito foi um faraó chamado Menés que viveu mais ou menos em 3300 a.C. Nessa época, o Egito já era antigo de milênios. Mas foi Menés quem conseguiu dominar os reinos do Alto e do Baixo Egito. Ele foi o unificador do país. O Bismarck egípcio. A partir dele, o Egito segue com surpreendente estabilidade por séculos. Essa crônica se estende de Menés até a conquista de Alexandre, o Grande, por volta de 300 a.C.

Alexandre, no leito de morte, foi cercado por seus generais. Eles queriam saber a quem caberia seu império. Ele balbuciou:

– Ao mais forte.

E morreu.

Seguiu-se uma luta entre os generais, cada qual tomou um naco do mundo. Ptolomeu ficou com o Egito. A partir de então, foram seus descendentes, os ptolomeus, que governaram o país. Cleópatra era dessa linhagem. Era meio grega, meio egípcia, portanto. Com ela, extinguiu-se a história do Egito livre. Depois que a áspide picou o seio de Cleópatra, o Egito se esfarelou no tempo. Hoje, aquele Egito não existe mais.

As realizações do Antigo Egito e o legado fundamental daquela civilização para o homem ocidental é que relataremos a seguir.

15

Em se plantando...

Antes de Cabral chegar a Porto Seguro, um índio brasileiro não precisava de muito para viver bem.

Roupas?

Nenhuma. Fazia calor durante o dia, e as noites eram amenas. Índios e índias viviam como haviam sido postos na terra: alegremente nus.

Precauções contra intempéries?

Desnecessário. No Brasil a terra não treme, a neve não cai e os furacões não sopram.

Produzir a própria comida?

Para quê? Como disse Pero Vaz de Caminha, a terra tudo dava. Bastava esticar o braço e arrancar o fruto da árvore, atirar a lança e espetar o peixe no rio cristalino, agachar-se e arrancar do solo a raiz da tuberosa.

A existência era fácil na América do Sul. Por que, então, alguém se daria ao trabalho de construir casas de pedra dura, abrir estradas largas e arar a terra? Por que alguém poria em movimento a roda da civilização?

Os índios brasileiros não precisavam da civilização.

A civilização só existe se há necessidade dela. Quanto maiores as dificuldades, mais civilizado torna-se o homem. Pegue o Japão. O Japão nada mais é do que um conjunto de ilhas onde a terra não só é árida como sofre um terremoto por dia. Não é exagero: o Japão é um arquipélago com mais de 6 mil ilhas, 426 delas habitadas. Todos os dias, uma dessas ilhas treme. Terremotos pequenos, para os quais os japoneses não dão a menor importância. Durante a Copa de 2002, experimentei um terremotinho no Japão. Mal dava para perceber, mas, para um ocidental, foi emocionante.

Os japoneses sabem que algum dia ocorrerá o Grande Terremoto Tokai. Esse terremoto com nome próprio acontece mais ou menos a cada bloco de 150 anos. Os cientistas japoneses dizem que o próximo até está atrasado. O Tokai se dará na província de Shizuoka, partirá o monte Fuji ao meio e arrasará Tóquio. As autoridades acreditam que, se anteciparem o Grande Terremoto em 24 horas, conseguirão evacuar a capital. Fazer a evacuação de 13 milhões de pessoas em um único dia parece improvável. Mas não para os japoneses. Organizados, metódicos, racionais e cumpridores da ordem, os japoneses alcançaram o ápice da civilização. Em nenhum outro lugar do mundo as pessoas são tão educadas e respeitadoras.

Por quê?

Porque precisam.

Exatamente devido às dificuldades geográficas: a aridez da terra, os terremotos, os tsunamis, os tufões. As vicissitudes do Japão fizeram-no o país mais civilizado do planeta.

Assim foi com o Egito.

O Egito se situa no Nordeste da África, ao longo dos 3 mil quilômetros de comprimento do Nilo. Para os lados, as cheias do rio se estendiam por quinze quilômetros em média. Essa a área agriculturável. Mas, para plantar nesse terreno, o camponês devia canalizar o rio e puxar canais de irrigação, devia erguer um local seguro para esperar as cheias e estocar a colheita, devia construir poços e ferramentas. Tudo isso é complicado. Um homem sozinho, ou ele e sua família, não consegue dar conta de todo esse trabalho. É preciso tecnologia e colaboração de outras pessoas. É preciso organização. Dessa forma, nasceu o Estado egípcio.

O Estado dava aos camponeses a tecnologia que lhes permitia plantar e colher. Os camponeses, em troca, pagavam impostos. No princípio, cerca de 4 mil anos a.C., o Estado era organizado em pequenas províncias chamadas de nomos. Eram 22 nomos espalhados do Alto ao Baixo Egito, uma organização muito parecida com as capitanias hereditárias brasileiras. Os coordenadores do Estado, que em geral eram os grandes proprietários, eram chamados de nomarcas. Seriam os governadores das províncias ou os pequenos reis da Idade Média europeia. Mas havia necessidade de unificação. Para dar mais implementos aos trabalhadores da terra e para defendê-los das invasões dos povos nômades. Por óbvias questões geográficas, dois arremedos de países foram fundados, o Alto e o Baixo Egito. Até que surgiu Menés, o unificador. Ele uniu os dois reinos e, como símbolo dessa façanha, adornou a cabeça com uma coroa dupla e pôs nas mãos dois cetros. Em seu tempo, cerca de 3200 ou 3300 a.C., já havia 42 nomos. Começou aí o Reino Antigo do Egito, que durou mil anos. Nesses dez séculos foram erguidas as pirâmides. Depois viriam o Reino Médio e o Novo.

O Egito permaneceu bastante estável nesse primeiro período histórico graças a sua situação geográfica. De um lado havia o Mar Vermelho; do outro, o deserto do Saara. O país manteve-se isolado da influência estrangeira e, por isso, pouco mudou. Um dos faraós dessa época, Pepi II, governou por 94 anos, de 2738 a 2644 a.C., o mais longo reinado da História. Depois dele houve alguma instabilidade. Faraós eram elevados ao trono e, em seguida, derrubados. Até que subiu ao poder Amenemhat I, que, com mão forte, restaurou a ordem, mudou a capital de Mênfis para Tebas e fez o país prosperar. Tratava-se de um sábio no comando dos homens. Prova-o um rolo de papiro em que estão inscritos os conselhos que ele deixou para seu filho e sucessor:

"Ouve com atenção o que te digo,
Para que venhas a ser rei da Terra,
Para que possas prosperar:
Endurece com todos os subordinados –
O povo só dá atenção a quem o aterroriza;
Não te aproximes de ninguém mal guardado,
Não te abras com um irmão,
Não reconheças um amigo,
Quando no sono, guarda para ti mesmo o teu coração,
Porque um homem não tem amigos no dia da desgraça".

Agora repita esta frase até decorá-la:

"Um homem não tem amigos no dia da desgraça".

Imprima-a na alma. É uma sabedoria de quarenta séculos. Uma sabedoria eterna.

Vou deixar que você reflita um pouco sobre esse ensinamento, vou fazer uma pausa. Porque o próximo capítulo será empolgante. Falaremos sobre o Reino Médio e voltarão à cena os sempre eloquentes heróis bíblicos.

16

Os vagabundos das areias

Quando o nômade Abraão pisava na areia do Oriente Próximo com suas sandálias de couro, por volta de 1850 a.C., o Egito já era velho de mais de 2 mil anos e o Reino Médio já contava um século e meio de história.

Até então, o Egito havia se mantido infenso a qualquer influência estrangeira. Autossuficientes e sofisticados, os egípcios chamavam os povos asiáticos de "os vagabundos das areias". Apesar de o país estar cercado pelas areias do deserto, não era sobre elas que os egípcios viviam, e sim sobre a terra fertilizada pelo Nilo, que chamavam de "Terra Negra", a terra da vida. O deserto que se estendia, ameaçador, rumo ao infinito era chamado de "Terra Vermelha", a terra da morte. Não por acaso, foi na Terra Vermelha que eles plantaram as pirâmides. Ou seja: os seus túmulos. As casas dos mortos.

A geografia, portanto, ajudava os egípcios a se isolarem. Porque, para acessá-los, outros povos tinham de atravessar o deserto de um lado ou o mar de outro. Também a política os mantinha intocados. O Egito era um país de verdade, ao contrário da maioria dos Estados de então, que eram cidades-Estado.

O auge desse Estado centralizado e progressista deu-se no reinado do faraó Amenemhat III, entre 1860 e 1814 a.C. Esse faraó foi um grande construtor. Fez barragens e canais que facilitaram a vida dos agricultores. Levantou uma pirâmide famosa, a chamada Pirâmide Negra, mas, por algum motivo, não quis ser sepultado nela e a deixou para servir de túmulo às suas rainhas. Ergueu também um palácio magnífico, um prédio suntuoso com mais de 3 mil salas. Para você ter ideia do que significa isso, lembre-se que o Palácio de Versalhes tem "apenas" setecentos quartos. Os Luíses da França não amarravam a sandália canhota dos faraós.

Porém, depois do auge inevitavelmente vem a decadência. Os sucessores de Amenemhat III envolveram-se em disputas com os governadores da província, o Estado enfraqueceu e alguns estrangeiros passaram a se infiltrar na região do Delta. Era o começo da mudança. Duas raças semíticas, em especial, transformariam o Egito para sempre. Uma delas foi a dos descendentes de Abraão, a outra foi a dos misteriosos guerreiros hicsos.

Esses hicsos vieram da Palestina. Eram conhecidos como os "Reis Pastores". Na verdade, não passavam de bárbaros. Nômades famintos e sujos, vestidos com peles, incultos e sanguinários. Como conseguiram derrotar uma civilização muito mais avançada? Por terem algo que os egípcios não tinham:

O cavalo.

Usando cavalos e carros de guerra, os hicsos saquearam cidades, violentaram mulheres, assassinaram homens, queimaram casas, derrubaram monumentos e se fartaram à grande. Mas não foram embora; estabeleceram-se. E então a roda da vida pôs-se a girar. Porque o homem, uma vez preso à terra, busca a comodidade. Ele quer um teto para morar, quer uma mulher que lhe dê filhos, ele quer a comida farta e a bebida capitosa, ele quer se divertir em paz. Ele se civiliza. Então, engorda e amolece. E é conquistado por outros bárbaros inquietos que vêm de fora.

No caso dos hicsos, não foram bárbaros estrangeiros que os derrotaram, mas os próprios egípcios, que incorporaram o cavalo e o carro de guerra aos seus exércitos e, depois de duzentos anos, um nada para um egípcio, expulsaram os invasores e retomaram o controle do país.

Começaria aí uma nova era de prosperidade. Mas antes de falar nela é preciso contar algo sobre outro povo que havia se infiltrado no outrora hermético Egito: os hebreus de Abraão. Eles merecem um capítulo à parte. O próximo.

17

Sexo e sangue, sexo e sangue

Sexo e sangue.

As pessoas gostam de histórias com sexo e sangue.

Sexo e sangue sobejam na história que contarei a seguir.

Está tudo na Bíblia. Há quem diga que isso pode desacreditar o fato narrado, já que muito da Bíblia é matéria de fé, não de ciência. Claro que não. Historicamente, a Bíblia deve ser encarada como a leitura dos hieróglifos pintados nas paredes dos túmulos egípcios ou como as inscrições nas estelas macedônicas: ali há muito de lenda, mas também há muito de verdade. Até porque a lenda conta algo a respeito de quem a concebeu. O que o autor pretendia ao contar aquilo como um acontecimento real? Que reação esperava do seu público? A natureza da mentira diz muito a respeito do mentiroso. O enredo do romance revela muito da alma do romancista.

A Bíblia relata a história do povo judeu. Começa com o Gênesis, o engenhoso mito da criação do mundo e do primeiro casal humano, que é seguido pelo mito do dilúvio, o qual, você já sabe, provavelmente foi uma grande enchente do rio Eufrates. O Gênesis é um livro genial, um texto poderoso repleto de significados enviesados, de mensagens recônditas, de interpretações psicológicas, antropológicas e filosóficas. Por exemplo: o Gênesis deixa bem posto, no capítulo do assassínio de

Abel por Caim, que a civilização é a desgraça do homem. O ideal de Deus e da natureza seria a vida nômade e sem regras de Adão e Eva, que viviam pelados, pintados de verde, num eterno domingo.

Mas o homem desistiu daquela vida de liberdade e optou pelas amarras da civilização. Deus não aprovou. A prova está em outro trecho do Gênesis pulsante de significados. É um capítulo intitulado "Corrupção da humanidade":

"Quando os homens começaram a multiplicar-se sobre a Terra, e lhes nasceram filhas, os filhos de Deus viram que as filhas dos homens eram belas, e escolheram esposas entre elas. O Senhor então disse: 'Meu espírito não permanecerá para sempre no homem, porque todo ele é carne, e a duração de sua vida será só de 120 anos'. Naquele tempo, viviam gigantes na Terra, como também daí por diante, quando os filhos de Deus se uniam às filhas dos homens e elas geravam filhos. Estes são os heróis, tão afamados nos tempos antigos".

Era a Bíblia introduzindo no espírito humano a noção de que sexo é pecado. Em resumo, com a civilização, o sexo tornou-se pecado. Porque o cimento da civilização é a PROPRIEDADE, que é transmitida por HERANÇA, que é garantida pela FAMÍLIA, que só se mantém se existe a FIDELIDADE CONJUGAL. Tome esses quatro termos que escrevi em maiúsculas, some-os e você compreenderá o que é a civilização.

O sexo livre, dessa forma, tornava-se pecado. Tratava-se de uma ideia nova no mundo. Durante milênios, homens e mulheres fizeram sexo sem culpa. Agora, os hebreus condenavam as ânsias da carne. Quando isso se deu? A tradição bíblica afirma que o redator do Pentateuco foi

Moisés, o que situaria a obra em cerca de 1200 ou 1300 a.C., mas sabe-se que os autores foram vários e mais recentes. É provável que esse pensamento só tenha se desenvolvido na época dos profetas, que eram uns tipos sisudos e moralistas. Esses profetas viveram no século VII a.C. O cerne da Bíblia hebraica teria sido redigido nesse tempo, mas a noção de pecado foi adquirida antes, num episódio central da formação do homem ocidental e sobre o qual falaremos bastante mais adiante. Essa noção de pecado foi macerada durante quinhentos ou seiscentos anos até ser teorizada e regulada pelos profetas. Mas isso é para páginas mais tarde. Por ora, o que importa são as intenções dos autores da Bíblia. O que eles pretendiam passar ao leitor com toda essa conversa de os filhos de Deus cobiçando as filhas dos homens, o homem abandonado por Deus por ser ele, homem, todo carne. São parábolas. Histórias ilustrativas.

É indispensável deixar evidente, também, que nem tudo na Bíblia é ficção ou lenda. O primeiro personagem histórico do Pentateuco, o primeiro que a ciência admite que possa ter existido, foi Abraão, tido como o patriarca das três grandes religiões monoteístas, o judaísmo, o islamismo e o cristianismo.

Abraão era da cidade de Ur, da Caldeia. Saiu de lá para tornar-se um seminômade. Vagava com sua família e seus animais pelo palco sempre agitado do Oriente Médio, vez em quando parava em uma cidade, comerciava e seguia em frente.

A vantagem dos nômades, já disse, é que eles podem escapar rapidamente das intempéries. Uma enchente não leva tudo o que eles têm, porque eles nada têm. Ou quase nada. O que têm, carregam nos próprios braços ou no lombo das mulas. Era o que faziam Abraão e os seus. Um dia, sobreveio uma seca e, por consequência, grande fome na região de Canaã. Abraão reuniu seu pequeno clã e partiu para o Egito. Antes de entrar no país, chamou sua mulher Sara, que então se chamava Sarai, nome que acho muito mais gracioso, e disse-lhe:

"Escuta: sei que és uma mulher formosa. Quando os egípcios te virem, dirão: 'É sua mulher', e me matarão, conservando-te a ti em vida. Dize, pois, que és minha irmã, para que eu seja poupado por causa de ti, e me conservem a vida em atenção a ti".

Abraão conhecia o mundo em que vivia. Chegando ao Egito, o faraó em pessoa encantou-se com Sarai e a incorporou ao seu harém. Com todo o respeito aos fiéis das três grandes religiões monoteístas, que são milhões, preciso comentar que Sarai devia ser uma mulher monumental, uma Megan Fox da pré-história. Porque, de acordo com a Bíblia, veja só o que aconteceu:

"Por causa dela, Abraão foi bem tratado pelo faraó, e recebeu ovelhas, bois, jumentos, servos e servas, jumentas e camelos".

O faraó deve ter ficado muito contente com a mulher que lhe trouxe Abraão. Mas, nesse ponto, emerge uma imprecisão histórica da Bíblia: o camelo ainda não havia sido domesticado no tempo de Abraão. Isso só se deu cerca de setecentos anos depois. Em todo caso, o que nos interessa é que o faraó se repoltreou com Sarai. Do que o Senhor não gostou nem um pouco. Furioso, "feriu com grandes pragas o faraó e sua casa". Ao que o faraó chamou Abraão e o recriminou:

– Por que me disseste que era tua irmã? Que me levaste a fazer?

Então, devolveu Sarai a Abraão e os mandou embora com tudo o que tinham.

O relato bíblico dá a impressão de que Abraão valeu-se da beleza de Sarai para amealhar patrimônio, mas isso também não é relevante. O relevante, aqui, é o fato de Abraão ter passado pelo Egito, demonstrando como os povos da região começavam a se interessar pelo grande país espreguiçado às margens do Nilo.

Abraão continuou a viver suas aventuras pelo Oriente Médio, na companhia de sua mulher Sarai e de seu sobrinho Lot. Em certo momento, Lot acomodou-se, com sua mulher e filhas, na cidade de Sodoma, vizinha de Gomorra.

Tenho certeza de que agora você se interessou mais pela história. Só porque leu esses nomes mágicos: Sodoma e Gomorra. De fato, essas duas cidades passaram para a posteridade como exemplos de pecado e de depravação. Sexo, as pessoas estão sempre pensando em sexo. Em homenagem a Sodoma e Gomorra, vamos então abrir um capítulo especial, intitulado... leia o título no próximo capítulo.

18

Sodoma & Gomorra. E as filhas de Lot

Os arqueólogos suspeitam que Sodoma, Gomorra e mais outras três cidades, Zoar, Admá e Zebolim, ficavam encravadas em um lugar aprazível chamado Vale dos Campos, que hoje dorme sob as águas densas do Mar Morto. Se for verdade, as cidades logo brotarão do fundo do mar, que na verdade não é um mar, é um lago. É que o Mar Morto já perdeu um terço da sua área, devido ao uso que Israel e Jordânia fazem das águas do seu principal afluente, o rio Jordão.

Há 3,8 mil anos, Sodoma e Gomorra faziam e aconteciam na superfície. Segundo a Bíblia, o pecado dos habitantes das cidades era "muito grande". O que faziam? Presumivelmente, os sodomitas sodomizavam-se uns aos outros e os gomorritas gomorrizavam-se, o que deve ser horrível. Deus, então, teria falado com Abraão a respeito e anunciado suas intenções de destruir as cidades pecadoras com fogo e enxofre, o que é mais horrível ainda. Abraão decidiu interceder pelos sodomitas e gomorritas. Seguiu-se, então, uma espetacular negociação entre Abraão e o Senhor. Abraão argumentou, apelando para os bons sentimentos do Todo-Poderoso:

– Fareis o justo perecer com o ímpio? Talvez haja cinquenta justos na cidade: fá-los-eis perecer? Não perdoaríeis antes a cidade em atenção aos cinquenta justos que nela se poderiam encontrar? Não, Vós não poderíeis agir assim, matando o justo com o ímpio, e tratando o justo como o ímpio! Longe de Vós tal pensamento. Não exerceria o Juiz de toda a Terra a justiça?

Ouvindo aquilo, o Senhor ponderou sobre os argumentos de Abraão e cedeu:

– Se eu encontrar em Sodoma cinquenta justos, perdoarei toda a cidade em atenção a eles.

Um a zero para Abraão. Mas ele devia suspeitar que a probabilidade de encontrar cinquenta justos em Sodoma era pequena, porque, ardiloso, prosseguiu:

– Não leveis a mal se ainda ouso falar ao meu Senhor, embora seja eu pó e cinza. Se por ventura faltar cinco aos cinquenta justos, fareis perecer toda a cidade por causa desses cinco?

E o Senhor:

– Não a destruirei se nela encontrar 45 justos!

Abraão não se deu por satisfeito. Continuou:

– Mas talvez só haja aí quarenta...

– Não destruirei a cidade por causa desses quarenta? – respondeu o Senhor.

E Abraão, cheio de humilde malandragem:

– Rogo-Vos, Senhor, que não Vos irriteis se eu insisto ainda... Talvez só se encontrem trinta...

O Senhor, do alto de Sua proverbial paciência, respondeu:

– Se eu encontrar trinta, não o farei!

Mas Abraão, testando ainda mais os limites do Todo-Poderoso, foi em frente:

– Desculpai, se ouso ainda falar ao meu Senhor: pode ser que só se encontrem vinte...

E o Senhor, decerto depois de um suspiro celestial:

– Em atenção aos vinte, não a destruirei!

Abraão, arrojado, seguiu com seu plano:

– Que o Senhor não se irrite se falo ainda uma última vez! Que será, se lá forem achados dez?

E Deus, provando que tem uma tolerância bem maior do que a minha, por exemplo, concordou:

– Não a destruirei por causa desses dez!

E se retirou para o Céu ou qualquer outro lugar aprazível, antes que Abraão voltasse a incomodar.

Você pode tirar muitas interpretações do diálogo. Eu, aqui, vejo a vocação para a negociação que têm os povos árabes e judeus, dos quais Abraão é o pai.

De qualquer forma, Deus investigou e não encontrou justo algum em Sodoma e Gomorra.

As cidades seriam destruídas.

Para isso, Ele enviou dois anjos a Sodoma. Os anjos bateram à porta de Lot, o sobrinho de Abraão, que os recebeu muito bem, ofereceu-lhes um banquete, camas confortáveis e tudo o mais que a gente deve proporcionar a anjos quando eles aparecem na nossa casa, sobretudo se são anjos brabos, como aqueles. Depois de comer e beber, os anjos estavam prestes a se recolher. Precisavam descansar. Afinal, teriam muito o que fazer no dia seguinte. Destruir cidades inteiras a fogo e enxofre é trabalho duro. Eles ainda não haviam se deitado, quando todos na casa se sobressaltaram com fortes batidas na porta. Eram os sodomitas, que gritavam:

– Lot! Onde estão os homens que entraram esta noite em tua casa? Conduze-os a nós para que os conheçamos...

Você sabe qual é a acepção do verbo "conhecer" na Bíblia. Quer dizer: os sodomitas queriam sodomizar os anjos. Lot se apavorou. Foi até o limiar da porta, fechou-a atrás de si e pediu que eles não fizessem aquilo.

– Tenho duas filhas que ainda são virgens – disse Lot. – Eu vo-las trarei, e fazei delas o que quiserdes. Mas não façais nada a esses homens, porque se acolheram à sombra do meu teto.

Lot ofereceu as próprias filhas aos sodomitas!

Mas os sodomitas não aceitaram a proposta. Queriam porque queriam os anjos. O que nos força a uma dedução a respeito das filhas de Lot. Mantidas virgens em plena Sodoma e recusadas pelos sodomitas, que, a elas, preferiram dois homens, embora fossem belos como anjos, bom, isso só pode significar que as filhas de Lot eram no mínimo feinhas.

Assim, os habitantes de Sodoma pedalaram a porta da casa de Lot e estavam prestes a fazer sexo com os anjos, o que deve ser um pecado grave. Só que os anjos têm seus recursos e artimanhas. Antes que os sodomitas pusessem as mãos ávidas neles, o Senhor intercedeu e cegou-os a todos de um golpe.

Ao amanhecer, portanto, as cidades seriam destruídas inapelavelmente. Os anjos mandaram que Lot, sua mulher e as filhas intocadas fugissem para a montanha, não se detivessem em parte alguma e não olhassem para trás. Ao que Lot argumentou:

– Oh, não, Senhor! Já que vosso servo encontrou graça diante de vós, e usaste comigo de grande bondade, conservando-me a vida, vede: eu não posso salvar-me na montanha, porque o flagelo me atingiria antes e eu morreria. Eis uma cidade bem perto onde posso abrigar-me. É uma cidade pequena e eu poderei refugiar-me nela. Permiti que eu o faça, e terei a vida salva.

E o Senhor, compreensivo, retrucou:

– Concedo-te ainda esta graça. Não destruirei a cidade a favor da qual me pedes. Apressa-te e refugia-te, porque nada posso fazer antes que lá tenhas chegado.

A cidade recebeu o nome de Segor, que significa "pequena".

E aí esbarramos em outra história ilustrativa da Bíblia: Lot não quis ir para as montanhas, antes pediu para se mudar para uma cidade, ainda que pequena. Ou seja: rejeitava o nomadismo por completo. No velho estilo de vida, não sobreviveria. Precisava, desesperadamente, de uma cidade, qualquer que fosse, mas uma cidade.

No caminho para Segor, em meio ao deserto, ocorreu aquele incidente famoso: a mulher de Lot, cujo nome a Bíblia não cita, não resistiu à curiosidade e olhou para trás, desobedecendo ao Senhor. Como o Senhor não admite desobediência, transformou-a em uma estátua de sal. Os cientistas acreditam que Sodoma e Gomorra tenham sido vitimadas pela erupção de um vulcão. O Mar Morto situa-se quatrocentos metros abaixo do nível do mar, o mais baixo local habitado em todo o planeta. Numa de suas margens, eleva-se um paredão de sal e calcário, com formas estranhas, algumas delas parecendo humanas. Uma dessas é apontada pelos moradores do lugar como a estátua da mulher de Lot.

Como nada na Bíblia está lá por acaso, eu aqui interpreto essa lenda como uma reprimenda à irresistível curiosidade que é característica do gênero feminino. Cuidado, garotas: certas descobertas podem transformá-las em estátuas de sal.

Enfim.

Curiosamente, na continuação desse capítulo do Gênesis, Lot sai de Segor por temer algum perigo não explicitado pelo autor e vai se refugiar em uma caverna na montanha. Aí, no escuro da caverna, dá-se um incidente extraordinário que é tratado com inexplicável naturalidade pela Bíblia. Como não havia homem pelas imediações, as filhas de Lot traçaram um plano: embriagaram o pai e, de acordo com o autor, "dormiram" com ele, primeiro a mais velha, depois a mais nova, uma noite depois da outra. Cada uma gerou um filho: Moab, o pai dos moabitas, e Bem-Ami, pai dos amonitas. Um terrível caso de incesto, mas nem a Bíblia nem o Senhor tecem considerações a respeito.

E nós, o que entendemos que o autor quis dizer com essa história? Óbvio: que as mulheres fazem qualquer coisa para ter um filho. Mas existe outra conclusão subjacente. Note: Lot não queria ir para as montanhas, queria ir para a cidade. Sua opção foi pela civilização. Quando teve que fugir da civilização e se refugiar na caverna, o que aconteceu? Ele e sua família voltaram aos tempos selvagens do nomadismo. Um tempo em que até o incesto era praticado e aceito.

As aventuras dos patriarcas continuam palpitantes pelas páginas do Gênesis, repletas de mensagens para o gênero humano, até que ocorre um dos incidentes mais espantosos da Bíblia: Deus manda Abraão matar o próprio filho.

19

A terrível ordem de Deus

Em primeiro lugar, é preciso ressaltar que aquele deus não era exatamente o deus dos cristãos. Aquele deus, o "Inefável", era definido pelas consoantes hebraicas YHVH. Um deus tão temido que Seu nome não poderia ser pronunciado. Mesmo assim, pronunciaram. Provido de consoantes, YHVH tornou-se Javeh, aportuguesado para Javé e suavizado para Jeová. Um ex-centromédio do Grêmio que protegia muito bem a zaga, Jeovânio, prestava, com seu nome, homenagem a Jeová.

Jeová, como você já sabe de sobejo, era o deus do Velho Testamento, denominação que só existe para os cristãos. Para os judeus, chamar o Velho Testamento de Velho Testamento seria admitir que existe um Novo Testamento. Para eles não existe. Para eles, a Bíblia é formada apenas pelos 46 livros que, na essência, ficaram prontos duzentos anos antes de Jesus nascer. Para os cristãos, são entre 70 e 73 livros, dependendo da vertente.

Na Bíblia hebraica, o "Tanah", o deus é muito diferente daquele descrito por Jesus. Ele é um deus ciumento, colérico e belicoso. O deus dos Exércitos. Um deus que escolheu um povo em detrimento dos outros, escolha que, não raro, converteu-se em um fardo para esse povo. Porque Jeová era dado a impingir punições duras, como as que desabaram sobre Sodoma e Gomorra, além de vinganças e provações. A mais cruel de todas, certamente, aquela imposta a Abraão: o filicídio.

A mulher de Abraão, Sara, era estéril. Para não deixar o marido sem descendência, ela foi sensata como deveria ser toda mulher: escolheu, com seus próprios olhos, uma escrava para que se refestelasse com Abraão e, por consequência, reproduzisse. Deu certo. Reproduziram. Foi gerado um menino a quem Abraão deu o nome de Ismael, "Deus ouviu" em hebraico, porque Deus ouvira suas preces e lhe dera um filho.

Porém, quando Sara já tinha noventa anos, e Abraão cem, um anjo apareceu e anunciou que ela ficaria grávida. Ela deu risada. Ficou grávida. Teve o filho, e Abraão chamou-o de Isaac, que significa "ele riu". No caso, ela riu.

Por essa altura, Ismael tinha treze anos de idade. Sara, temendo que o menino mais velho se tornasse o principal herdeiro da família, convenceu Abraão a mandá-lo embora, junto com a mãe. Sara deve ter incomodado muito Abraão, você sabe como as mulheres incomodam quando querem uma coisa. Não suportando mais a insistência da mulher, ele expulsou a escrava e o menino para o deserto em condições precárias, munidos com nada mais do que um odre d'água e um pouco de pão. Fosse por Abraão, eles morreriam de sede, mas Jeová providenciou uma fonte d'água, os dois se salvaram e Ismael transformou-se no patriarca de todos os povos árabes, que hoje, ameaçadores, cercam os seus meios-irmãos hebreus por todos os lados.

A ciência, se não chega a confirmar essa história, fornece-lhe um aval. Agora, no século XXI, uma pesquisa realizada em conjunto por cientistas de cinco países, entre eles Estados Unidos e Israel, mostrou que palestinos, sírios, libaneses e judeus têm forte parentesco genético entre si. O estudo comparou o DNA de 1,3 mil homens árabes e judeus de trinta países. Os exames mostraram que esses povos possuem um ancestral comum, possivelmente os semitas ocidentais, que teriam habitado o Oriente Médio há pelo menos 4 mil anos. Esse ancestral bem pode ter se chamado Abraão, um nome usual na época.

Mas, voltando ao drama do patriarca: Abraão ficou tão somente com Isaac como filho. E foi esse filho que Jeová exigiu em sacrifício. Falou, com sua voz de tuba:

"Abraão! Toma teu filho, teu único filho a quem tanto amas, Isaac, e vai à terra de Moriá, onde tu o oferecerás em holocausto sobre um dos montes que eu te indicarei!"

Abraão obedeceu sem discutir. No dia seguinte, tomou um jumento, dois servos e o filho e foi para o local indicado. Depois de três dias, encontrou o lugar. Amarrou o filho a uma pedra, como se fosse um cordeiro. Empunhou uma faca de bom corte. Ergueu a mão. Estava prestes a degolar o menino, quando Jeová gritou lá de cima com alguma aflição na voz de tenor:

"Abraão! Abraão! Não estendas tua mão contra o menino e não lhe faças nada! Agora sei que temes a Deus, pois não me recusaste teu próprio filho, teu único filho!"

Era um teste!

Agora pense no que representa essa história. Eu, se fosse Abraão, recusaria com veemência o pedido do Senhor. Diria:

"Que tipo de divindade é você, que pede o assassinato de uma criança?"

E, se Ele insistisse, eu repetiria:

"Não! Pode arranjar outro patriarca! Vou ser é politeísta!"

Mas, se eu fosse adiante, amarrasse o menino e só tivesse minha mão assassina detida no último instante, aí sim me enfureceria. Xingaria-O:

"O Senhor não sabe de tudo? Não é onisciente, onipotente e onipresente? Não vê tudo, inclusive dentro do coração dos homens? Então, que espécie de cilada é essa? Foi só para me torturar? Foi só por sacanagem?"

Eu não seria um bom protagonista para essa história, é a conclusão a que chego. Porque o autor da história, o que ele pretendia com ela era exaltar a fé de Abraão, para que essa fé servisse de exemplo e guia a todo um povo, como serviu.

A fé, era isso que o autor queria propalar. A fé, que é a base de todas as religiões. A fé, que, Mencken já definiu, é a crença ilógica na ocorrência do improvável. Foi essa fé que manteve unido o povo hebreu por quase quarenta séculos. A fé, que existe dentro de cada homem, nada mais é do que a necessidade de acreditar em algo além do homem, em uma razão excelsa para existir. O autor da Bíblia precisava instilar uma fé inamovível, extrema, inabalável, completa, caso contrário não conseguiria manter unido o seu povo. E, o mais importante, não conseguiria dar seguimento ao projeto da civilização.

Isso é fundamental. Isso é decisivo. A civilização é antinatural. A civilização é uma violência. Tudo, no homem, chama o homem para a vida que ele levava antes da civilização. O homem quer comer e beber o que bem entender, quando bem entender, da forma que bem entender; o homem quer tomar para si o que deseja; e, sobretudo, o homem quer fazer sexo sem restrições. Mas ele não pode. Por que não pode? Porque a civilização impede. Mas a civilização não existiu desde sempre na história do mundo. A civilização é uma novidade de 10 ou 12 mil anos de idade. Como a civilização conseguiu reprimir esses desejos humanos?

Para que a civilização vencesse, como venceu, seria preciso um apelo muito poderoso, algo sublime, intangível, maior do que a própria natureza:

Deus.

A lei, hoje, é um acordo entre os homens de uma comunidade. Se você desrespeita a lei, sofre a repressão dos homens. Logo, você a respeita por medo da repressão. Mas, se você tem a certeza de que não será alcançado pela repressão, o que o impede de tomar à força uma mulher que deseja e possuí-la? O que o impede de ocupar aquela casa que você cobiça? Você diria que isso não é certo. Por que não é certo? Quem disse que não é? Além disso, o certo e o errado são subjetivos. O que é certo aqui pode ser errado ali adiante. Retomo, pois, a pergunta: como a civilização conseguiu coibir o egoísmo, a ganância e o desejo humano?

Graças a Deus.

Os patriarcas da humanidade, os homens que fizeram as primeiras leis, precisavam de um respaldo inquestionável. Esse respaldo era Deus. Deus não gosta que os homens matem, roubem ou cobicem a mulher do próximo. Deus deu a lei aos homens. Mas os homens só cumprirão a lei se acreditarem em Deus. Se tiverem fé. Uma fé inquebrantável. Uma fé que não admite discussões. A ponto de um homem assassinar o próprio filho, seu único e amado filho, se Deus assim ordenar. Abraão, portanto, é um exemplo: ninguém poderia passar por maior provação do que ele. E ele manteve sua fé. Jamais duvidou. Jamais pensou em fazer ponderações diante de uma ordem do

Todo-Poderoso. É o que a civilização exige todos os dias do homem. O homem tem de renunciar aos seus instintos porque a civilização determina. Eis o resumo do drama do homem sobre a Terra: o homem passa todos os dias da sua existência lutando contra si mesmo. De um lado, Deus e a civilização. Do outro, a natureza humana. Que luta desigual. Que tragédia para a natureza humana.

A lenda de Abraão teve essa serventia, como outras tiveram. Mas Abraão não foi, de fato, o fundador do judaísmo nem o grande campeão do império da lei. Esse homem, na verdade, foi Moisés. Vou retomar esse tema mais adiante e situá-lo historicamente. Por enquanto, vamos falar de você.

20

Você

Olhe para você.

Veja no que você se transformou.

Você passa a noite ressonando em cima de um colchão macio como as canelas da Scarlett Johansson e debaixo de cobertores quentes como o olhar da Megan Fox. Seu quarto provavelmente é climatizado. Você não saberia mais viver sem split e controle remoto. Seu travesseiro é perfeito para a curva do seu pescoço, você tem dificuldades de dormir quando está sem ele. Ao levantar-se, você calça suas confortáveis chinelas de feltro, desliza para o banheiro da sua suíte, escova os dentes com um creme sabor tutti frutti e faz gargarejos com um antisséptico bucal sabor menta. Você senta à mesa do café da manhã e à sua frente já está deitada no pires de porcelana uma fatia de mamão papaia limpa das sementes indesejáveis. Ao lado, aguardam um copo de suco de laranja, uma xícara de café fumegante e uma fatia de pão preparado com sete grãos, suavemente besuntada com geleia de amoras.

Assim você começa o seu dia. Depois, você sai por aí dentro de suas calças jeans e sua camisa polo, entra no seu carro com direção hidráulica e atende ao celular. Ao desligar, pensa nos seus compromissos e suspira:

– Que dureza, que dia a dia corrido, o meu. Essa vida é mesmo uma selva!

Uma selva?! Vida dura?! Você é um efeminado, isso sim! Você perdeu o contato com o cerne da vida! Com o barro da existência. Você é o produto acabado, aliás mal-acabado, dessa distorção da ordem natural das coisas que se chama civilização. Porque as coisas não tinham de ser assim. Não eram assim. Na maior parte do tempo da existência do homem na Terra, tudo era visceral, tudo era simples. Você não sentiria falta de seu travesseiro fofo, porque estaria acostumado a apoiar a cabeça na pedra dura. Você também não sentiria falta do celular, porque, juro por Deus, houve um tempo em que as pessoas conseguiam viver sem celular. Você seria um nômade. Não teria casa, não plantaria, nem colheria. Não moraria em nenhum país, estado ou cidade porque não existiriam países, estados e cidades. Não existiriam leis. A propriedade estaria limitada a alguns poucos bens que você pudesse carregar. Você poderia pegar o que quisesse da natureza, sem ter de pedir permissão a quem quer que fosse, porque nada seria de ninguém e ninguém seria de ninguém.

Haveria algumas desvantagens, é claro: você provavelmente morreria jovem, já que a medicina não seria muito desenvolvida, não existiria penicilina, nem planos de saúde, nem check-up, nem, oh, Cristo!, Engov. Em compensação, você poderia fazer sexo com quem bem entendesse, quando bem entendesse e onde bem entendesse, você não trabalharia, não teria chefe nem horário para acordar ou dormir, você não ficaria preso em engarrafamentos e não teria de vestir terno e gravata nos casamentos porque, e isso é especial, NÃO HAVERIA CASAMENTO!

Já pensou? Não haveria casamento, nem noivado, nem namoro, nada disso, porque ninguém entenderia o conceito de, cruz credo, monogamia. As pessoas viveriam em regime de regime nenhum, em liberdade total, sem família, sem posses, sem leis. Os filhos seriam de todo o clã, bem como a comida e os poucos utensílios. Pense em todas as coisas dispensáveis da vida, como a política e a economia. Nada disso existiria. A vida seria só viver, como deve ser.

Foi assim um dia, por muitos dias.

Por que mudou?

O que fez de você o que você é hoje?

Aí está: foi um movimento, um único movimento em direção ao conforto. Alguém resolveu parar. Cansou de deslocar-se de um lugar para outro, encontrou um terreno perto de um rio, com clima ameno e algum bosque nas imediações. Ali ele não precisava nem plantar. Só precisava colher algumas frutas e raízes e cuidar de seus animais. Mas, para ficar ali, ele precisaria levantar uma casa. No começo, certamente apenas um teto. Mas essa foi a diferença. No momento em que o engenho humano foi empregado para construir o conforto inaugural, no momento em que o homem pela primeira vez modificou a natureza em seu benefício, foi como uma faísca iniciando um incêndio. Porque, depois do teto, o homem deduziu que poderia erguer paredes para proteger-se do vento. Em seguida, compreendeu que, se abrisse janelas nas paredes, teria um ambiente arejado e iluminado. Para construí-las, precisaria de ferramentas. E tudo começou. Uma facilidade levou a outra necessidade, que levou a uma invenção, que fez o homem compreender que poderia inventar mais para criar outras facilidades que satisfariam outras necessidades. Assim por diante. E agora você bebe refrigerantes diet e aquece o quiche no forno de micro-ondas, você se irrita porque sua TV não tem HD e porque seu celular não tem 3G. Você se amolentou nas amenidades da civilização.

Mas a civilização só ergueu amenidades em torno do homem porque, antes, em torno do homem havia dificuldades. A civilização surgiu onde a vida era precária, mas nem tanto. Não por acaso, brotou às margens de alguns rios. Não quaisquer rios, mas rios com uma geografia particular.

Por que a civilização não surgiu ao longo do caudaloso Amazonas? Ou do bucólico Reno? Por que surgiu entre o Tigre e o Eufrates e ao comprido do Nilo?

Resposta: porque ao longo do caudaloso Amazonas e do bucólico Reno a civilização era dispensável. Os homens tinham caça e coleta em abundância por espaços aparentemente infinitos. É do que precisam os nômades.

Peguemos um exemplo de nômades clássicos: os índios brasileiros. A forma de vida deles é bastante simples. Um grupo de índios se estabelece em um local em que haja água e caça em abundância. Ali eles pescam, caçam e colhem. Não erguem edifícios, não rasgam estradas, não plantam, nem aram a terra. Apenas tiram da natureza o que a natureza proporciona. Se você é ecologicamente correto, deve estar suspirando de nostalgia e ouvindo os passarinhos cantando, só de pensar nos primeiros donos da Terra Brasilis. Ilusão sua. Os índios não eram nada ecológicos. Durante sua estada no local, exauriam todos os recursos sem dó nem pejo. Depois que o lugar estava infestado de lixo e quase sem animais para caçar, eles se mudavam com suas tangas e tacapes para devastar outro terreno. Por maldade? Por má intenção? Não. Porque simplesmente era assim. Toda essa história de consciência ecológica é algo muito recente, que, como tudo na vida, surgiu de novas necessidades humanas.

Necessidades.

Nas margens do Nilo e entre o Tigre e o Eufrates havia mais necessidades e menos fartura. Não havia tanto espaço, nem natureza tão exuberante. A área tornada fértil pelas cheias do Nilo se estendia, em média, por quinze quilômetros de largura. A leste e a oeste espalhavam-se, ameaçadoras, as areias do deserto. Na região do Tigre e do Eufrates, mais ou menos a mesma situação: uma faixa de vida rodeada pela aridez, pelo calor sufocante e pelos animais peçonhentos.

A vida nômade, portanto, era quase inviável. A região não era dotada de recursos suficientes para esse confortável meio de sobrevivência. Os povos que ali se estabeleceram compreenderam que não poderiam ficar se mudando a todo momento. Não poderiam mais ser nômades.

A civilização era necessária.

21

De Deodoro a Dilma é um nada

Quantos presidentes o Brasil já teve desde a proclamação da República, em 1889, até a eleição de Dilma Rousseff, em 2010?

Parece fácil de responder. Basta contar: um, Deodoro; dois, Floriano Peixoto; três, Prudente de Morais; quatro, Campos Sales... Mas não é bem assim. Vibra e pulsa uma polêmica a respeito dessa questão, porque houve vices que assumiram a presidência, houve presidentes interinos, houve brechas em que um presidente ficou no cargo por pouquíssimo tempo, houve juntas governativas. Então, se é certo que Dilma Rousseff é a primeira mulher eleita presidente (ou presidentA, como ela gosta), não é certo se ela é a 37ª ou 32ª pessoa a ocupar o posto. Isso numa história de 120 anos. Imagine, agora, listar os faraós que governaram o Egito por 3,2 mil anos...

Trata-se de tarefa árdua, sobretudo porque naquele tempo não existia mecanismos de busca automática na internet. No entanto, o regime dos faraós foi tão bem-sucedido que, durante todo esse tempo, apenas trinta famílias governaram o país em sucessão. Trinta dinastias. Um fenômeno de estabilidade.

É certo que, antes da unificação, o Egito experimentou pelo menos outros 2 mil anos de história, mas o tempo dos faraós é que foi a glória da nação. Foi nesse período que o Egito se tornou imortal. E, ainda mais importante, foi nessa época que o Egito influenciou para sempre a civilização ocidental.

A unificação do Egito, e o consequente estabelecimento da Primeira Dinastia, se deu em cerca de 3.200 anos antes da Era Cristã, como você sabe. O autor da façanha foi Menés, o primeiro faraó. É evidente que Menés dispôs de muita habilidade ao unir o Alto e o Baixo Egito, mas é evidente, também, que ele só alcançou sucesso porque havia demanda por isso. O Estado centralizado tornava-se necessário no Egito porque, sozinhas, as pessoas não conseguiriam vencer as enormes dificuldades impostas pela natureza. Era preciso abrir canais de irrigação, construir silos, definir canais fluviais de transporte, montar barcos e portos para recebê-los. Quer dizer: o esforço conjunto fazia-se indispensável. E, se o esforço conjunto é indispensável, indispensável também é a figura de um líder que aponte o caminho a seguir. Esse líder foi o faraó. Menés, o primeiro de todos.

O governo centralizado e forte era tão importante no Egito que o faraó foi promovido de rei a deus. Essas coisas não acontecem por acaso. As instituições só funcionam quando as pessoas precisam delas. Pense em tudo que é convenção na sociedade, tudo que é subjetivo e que depende visceralmente de justificativa moral para existir: o casamento, a monogamia, a ética do trabalho, a etiqueta, as maneiras de se vestir etc. Tudo isso, que em última análise é limitador da vontade humana, tudo isso só existe por necessidade da sociedade.

Assim a divinização do faraó. O Egito não existiria sem um poder central forte. Esse sentimento tornou-se tão arraigado no espírito do povo que varou os séculos.

Sobreviveu até à própria independência do país. No século XIX, Napoleão escreveu do seu exílio em Santa Helena:

"Quando Alexandre atravessou o deserto até o oásis de Amon, em quatorze dias de marcha, e quando ali se proclamou filho de Zeus-Amon, agiu com profundo conhecimento da mentalidade daquele povo [...] E, desta forma, contribuiu para consolidar a conquista mais do que se tivesse construído vinte fortalezas e chamado cem mil macedônios [...] O que admiro em Alexandre não são tanto as suas campanhas, mas os seus métodos políticos [...] Foi um ato solenemente político sua ida ao Templo de Amon, pois deste modo ele conquistou o Egito. Se eu tivesse ficado no Oriente, provavelmente teria fundado um império como o de Alexandre, dirigindo-me em peregrinação a Meca".

Napoleão, um gênio político-militar, admirava Alexandre, outro gênio político-militar, por sua sagacidade. E a prova dessa sagacidade, no entender de Napoleão, foi a percepção de Alexandre do quanto o povo egípcio tinha entranhada na alma a convicção de que seu governante era divino.

Menés, portanto, fundou a tradição dos reis-deuses do Egito e a Primeira Dinastia. Nessa Primeira Dinastia houve inclusive um faraó chamado Aha, mas não acredito que tenha sido ele o inspirador de uma banda de rock norueguesa que se formou 5 mil anos depois.

Foi só na Terceira Dinastia que o faraó Djoser, ou Geser, ordenou a construção da famosa pirâmide de Sakkara, a precursora das pirâmides que simbolizam o país.

Trata-se de uma pirâmide em degraus. A base retangular, e não quadrada como a das pirâmides clássicas, é maior do que a segunda camada. A segunda camada é maior do que a terceira, e assim por diante, até a sexta. A pirâmide de Sakkara foi obra de Imhotep, o primeiro grande arquiteto da humanidade. Imhotep era médico, arquiteto, administrador e primeiro-ministro. Uma espécie de Leonardo da Antiguidade.

A pirâmide de Imhotep, ou do faraó Djoser, foi o ponto de partida para que se chegasse à simplicidade irretocável da pirâmide clássica. Em seguida, na Quarta Dinastia, o faraó Snefru avançou três passos rumo à perfeição, cada passo uma pirâmide.

Snefru tornou-se conhecido pela posteridade como "O Construtor de Pirâmides". Não por acaso. Ergueu uma, não gostou: era uma pirâmide em degraus, como a de Sakkara. Mandou erguer outra, não gostou: foi uma denominada "romboidal", que é quase a forma da pirâmide clássica, mas com a base quadrangular. Por fim, ergueu a terceira, a chamada Pirâmide Vermelha, muito parecida com as pirâmides que o mundo conhece. Dessa o homem gostou. Os arquitetos egípcios estavam chegando lá.

As pirâmides que simbolizam o Antigo Egito foram construídas ainda na Quarta Dinastia pelos três famosíssimos faraós que bem poderiam formar um trio de meio-campo: Quéops, Quéfren e Miquerinos.

O pai de todos foi Quéops, que, embora fosse pai de todos, era filho de Snefru. Foi ele o construtor da Grande Pirâmide, a única das Sete Maravilhas do Mundo Antigo que ainda está de pé. A estupidez e a concupiscência humanas, porém, por pouco não a puseram abaixo (quando se juntam, a estupidez e a concupiscência são quase invencíveis). No século IX, o califa Abdullah El Mamun, que governou o país por cinquenta anos, queria desmontar a Grande Pirâmide a fim de se apoderar dos tesouros que, supunha ele, estavam escondidos entre suas paredes. Só desistiu do projeto porque seus engenheiros disseram que o trabalho sairia mais caro do que a soma de todos os impostos arrecadados pelo Egito durante anos. Contentou-se em abrir uma passagem na parede norte, ainda utilizada por quem visita o monumento.

Muitos se impressionam ao saber que a pirâmide de Quéops é o monumento mais pesado do mundo. Não sei por que tanto espanto. Afinal, quem é que vai querer levantar a pirâmide de Quéops? Mais impressionante é a precisão geométrica com que foi construída. Sua base é um quadrado praticamente perfeito, com lados de 230 metros, variando menos de vinte centímetros de um para outro. As paredes laterais se inclinam num ângulo de 41º até se encontrarem a 157 metros do chão. Os gigantescos blocos de calcário foram cortados com tanta destreza que, depois de encaixados, era impossível enfiar uma faca entre eles. Como conseguiram essa proeza 25 séculos antes de Cristo?

Quéops é o nome que os gregos deram ao faraó. Em egípcio diz-se Khufu. Era um rei misterioso, pouco se sabe a seu respeito, não existe nem sequer a certeza de que tenha sido sepultado na Grande Pirâmide. Não restou nenhum retrato dele, nenhuma estátua, exceto uma estatueta de marfim de doze centímetros de altura, que está exposta no Museu Egípcio do Cairo.

Segundo Heródoto, Quéops foi um rei cruel e tirânico. Obcecado pela sua pirâmide monumental, exauriu os cofres do país na construção. Mas você sabe como é obra: sempre sai mais do que o previsto. Se o arquiteto diz que vai custar sessenta, pode se preparar para gastar 120. Nesse caso, normalmente as pessoas apelam para empréstimos bancários. Como naquele tempo não havia bancos, quando o dinheiro acabou Quéops lançou mão de um recurso pouco ortodoxo: mandou a própria filha para um lupanar. O que ela arrecadasse alugando o corpo macio e sinuoso seria revertido para a construção. O homem queria MESMO terminar aquela pirâmide.

A princesa obedeceu às ordens de papai, com uma condição: além do pagamento por seus serviços, cada amante teria de lhe trazer uma pedra. Com essas pedras, ela levantou a pirâmide que está plantada em frente à do pai-cafetão. Se você for um dia a Gizé, poste-se entre as duas pirâmides e pense em como foram erguidas. Em seguida, jogue suas mãos para o céu e faça uma saudação a essa admirável mulher da Antiguidade, pois ela certamente foi uma filha obediente, uma princesa formosa e uma competente profissional do prazer.

Depois de meio século de desmandos, Quéops virou múmia e foi sucedido por seu irmão, Dedefre, um faraó obscuro, que mal teve seu nome registrado pela História. O rei seguinte foi o filho de Quéops, Khafre (Quéfren, para os gregos), que governou por 56 anos e construiu a segunda maior pirâmide e a Esfinge. Quéfren foi tão despótico quanto o pai. Os egípcios detestavam tanto esses dois faraós que chamavam seus túmulos de "As Pirâmides de Filítis", um pastor que costumava passar com seus rebanhos pelo local – uma pequena e quase inocente vingança do povo oprimido, mostrando que desde os séculos mais remotos só restam aos povos oprimidos pequenas e quase inocentes vinganças.

Miquerinos, filho de Quéfren e neto de Quéops, não puxou ao pai ou ao avô. Foi um bom faraó, que ajudava o povo até com seus recursos pessoais. Como não queria gastar muito do tesouro público, mandou erigir um túmulo mais modesto do que os dos seus antepassados. Sua pirâmide eleva-se à metade da altura da de Quéops.

Heródoto conta uma história curiosa sobre Miquerinos: um dia, um oráculo profetizou que ele só teria mais seis anos de vida. O faraó ficou muito triste, mas resolveu reagir. Ordenou que fossem construídas inúmeras candeias. Assim, quando a noite chegava, ele mandava acendê-las em todo o palácio. Então, bebia e comia à grande, amava belas mulheres, divertia-se com os amigos. Fazia de tudo para confundir o oráculo e transformar seis anos em doze. Não funcionou, Miquerinos morreu mesmo. Mas pelo menos aproveitou bem o tempo que lhe restava.

Os monumentos que imortalizaram os faraós e seu tempo, portanto, estavam concluídos, mas a aventura dos antigos egípcios continuaria, repleta de lances espetaculares, por ainda outros 2,5 mil anos.

22

Linda e loira

Nitócris era loira, linda e perigosa. Era também rainha do Egito, a primeira mulher faraó, provavelmente a primeira mulher governante da história do mundo, uma mulher, quem diria?, comandando uma das grandes civilizações da humanidade mais de 41 séculos antes dos adventos de Dilma Rousseff, Angela Merkel e Scarlett Johansson. Tudo isso é impressionante. Mas é secundário. O importante é que tudo isso fazia de Nitócris uma fêmea ainda mais perigosa, o que se tornou fatal para alguns de seus conterrâneos, como veremos a seguir.

Antes de mais nada, há algo a se destacar no caso da rainha: o fato de ela ser loira "de pele rosada", segundo o abalizado historiador egípcio Maneton, homem que fez a mais confiável lista de faraós de que se tem notícia. Essa condição, a loirice, a distinguia. Porque os antigos egípcios em geral eram de tez morena. Não negros, como chegaram a suspeitar alguns historiadores; morenos da cor da fruta do jambeiro. Negros eram seus vizinhos núbios, que foram derrotados pelos egípcios durante o reinado do faraó Pepi I, sogro de Nitócris e, como ela, um dos sete reis da Sexta Dinastia.

Batidos, os núbios viram-se incorporados ao exército de Pepi. Tratou-se de grande aquisição. Os vencidos acabaram se transformando na base do exército vencedor.

Eram eles os chamados "arqueiros núbios", famosos na Antiguidade por sua pontaria certeira e sua ferocidade em combate. A Núbia mais tarde seria chamada de Kush e, muito mais tarde, de Sudão.

Os negros, portanto, vinham da Núbia, encravada ao sul, ou da Somália e da Etiópia, situadas mais a leste, no Chifre da África, região que, no princípio do século XXI, vê-se assolada pela fome e pela intolerância religiosa. Na Quinta Dinastia, antes de Nitócris, o faraó Sahure fez façanhosas incursões comerciais à Somália, país que os egípcios chamavam de Punt.

Vale a pena descrever a viagem, de tão afanosa que era. As mercadorias egípcias partiam pelo Nilo de Mênfis, a capital, até Koptos, na margem leste do rio, perto de Luxor. Lá eram descarregadas e conduzidas a pé, nas costas de mulas silenciosas ou de robustos operários bufantes, numa marcha de cinco dias até o Mar Vermelho. Chegando ao porto, os trabalhadores montavam navios com madeira vinda do Líbano, já que no Egito não havia árvores boas para se construir embarcações de porte. Em seguida, os barcos eram carregados e seguiam para Punt. As mercadorias egípcias eram trocadas por outras, em geral produtos de origem vegetal, como a mirra, usada como ingrediente na mumificação, e o negro ébano, empregado na confecção de móveis de luxo; ou de origem animal, como o marfim, extraído de infelizes elefantes, e peles arrancadas de animais menores, mas igualmente infelizes. E lá voltavam os egípcios pelo mesmo caminho, desmontavam os navios, estocavam a madeira, caminhavam outros cinco dias, desciam o Nilo e, por fim, vendiam os produtos importados em Mênfis. O processo estendia-se por meses a fio. Tudo por dinheiro.

Quer dizer: os egípcios se relacionavam com os povos de raça negra das vizinhanças, mesclavam-se com eles e, muitos séculos depois, seriam até dominados por eles, mas os egípcios não eram negros; eram morenos. E essa rainha, loira como uma Sharon Stone.

Nitócris só assumiu a coroa porque seu irmão e marido, o faraó Merenré II, havia sido assassinado durante uma revolta popular. Empossada, a beldade tratou de pacificar a nação. Ao mesmo tempo, ordenou a construção de um suntuoso salão subterrâneo em seu palácio. Marcou um não menos suntuoso jantar para a cerimônia de inauguração das dependências, para a qual convidou diversos próceres do país. Compareceram todos, instalaram-se comodamente e, em meio às libações, olharam de um para outro e perceberam que ali reuniam-se justamente os que haviam tramado o assassínio do antigo faraó. Quando começaram a suspeitar que a coincidência podia não ser coincidência, e sim uma cilada, procuraram pela rainha, mas cadê a rainha? Nitócris havia desaparecido. Estava em outro cômodo, onde existia uma válvula secreta. Com suas mãozinhas delicadas de loira, ela abriu a válvula e as águas do Nilo correram por um canal que desaguava no salão dos convidados. Lentamente, os assassinos do irmão amante da rainha viram com olhos esbugalhados de horror a água preenchendo o espaço do salão hermeticamente fechado. Esmurravam a porta, arranhavam as paredes. Não adiantava. Não adiantou. Foram cobertos pelas águas e morreram afogados. Consumada a vingança, a loira transferiu-se para outra sala, esta repleta de brasas, onde se suicidou para escapar à reação do populacho ignaro.

Ou seja: nada a movia, nem o poder, nem o dinheiro, nem a fama, nem a glória, nem a admiração dos seus coetâneos ou dos pósteros, nem mesmo o prazer sensual ou a realização da maternidade, nada a movia, senão a vingança. Nitócris era uma mulher desinteressada, e essa é a grande lição da sua história de idade milenar: existem pessoas despojadas de ganhos materiais no mundo, mesmo que suas motivações morais sejam equivocadas, como o feio sentimento da vingança que incendiava o peito arfante da loira rainha do Egito.

Sim, senhor, existem pessoas desinteressadas.

Mas não são muitas.

Com a bela Nitócris terminou o chamado Antigo Império, um período pelo qual os egípcios dos séculos vindouros suspirariam e chamariam com nostalgia de "tempos dourados". É assim que é: os tempos dourados, quaisquer tempos dourados, estão sempre em algum lugar do passado. Você pode estar vivendo tempos dourados agora mesmo, e não saberá reconhecê-los. Você se queixa da vida, você se lembra com saudade do passado. Depois de alguns anos, quando o seu presente de agora se tornar passado, tudo ficará coberto por uma pátina gloriosa e inocente. Então, os tempos de hoje serão "tempos dourados". Como você perde tempo não sabendo apreciar o seu tempo.

Mas, falando em tempo, urge citar um importante faraó dessa Sexta Dinastia, o antecessor de Nitócris, Pepi II, irmão do primeiro Merenré. É que Pepi II foi o tal faraó campeão de permanência no poder, sobre o qual falei capítulos atrás: reinou dos seis anos de idade até os cem. Ao que se sabe, até os albores do século XXI nenhum governante conseguiu manter-se no mando por 94 anos.

Claro que, enquanto era criança, Pepi II reinava, mas não mandava. Seu tio Zau governou como vizir, e parece que o fez com parcimônia e sabedoria. Tanto que, ao atingir a maioridade, Pepi II tomou o poder sem maiores problemas. Não houve rebeliões nem tentativas de golpe.

Pepi II depositava muita confiança em um certo general Harkhuf, príncipe de Elefantina. Enviava-o seguidamente às regiões vizinhas em expedições guerreiras ou comerciais. Numa dessas, Harkhuf trouxe de presente para o rei um dançarino anão. Mandou avisá-lo a respeito do mimo por um mensageiro, que retornou com uma correspondência ansiosa do monarca:

"Em tua carta tu afirmaste que trouxeste da Terra dos Bem-Aventurados presentes lindos, bem como um anão das danças do deus, parecido com o anão que o tesoureiro Baurded trouxe de Punt no templo de Isesi [...] Vem logo e traze contigo o anão [...] Quando descer do navio coloca ao seu lado pessoas valentes, presta atenção para que o anão não caia n'água. Enquanto dorme, coloca ao seu lado alguém que o vigie, inspeciona dez vezes por noite. A Minha Majestade deseja ver o anão mais que todos os presentes do Sinai e do Punt. Se chegares à Corte com o anão são e salvo, a Minha Majestade te concederá honrarias maiores do que aquelas que Isesi deu a Baurded".

Gostava dum anão, o Pepi II.

Enfim. O fato é que, depois da Sexta Dinastia, o poder dos faraós enfraqueceu, os nomarcas se tornaram senhores feudais quase independentes e o Egito ingressou em um período de trevas que duraria duzentos anos.

Nesses dois séculos reinaram quatro dinastias de faraós obscuros, incompetentes e até loucos, como um chamado Akhtoes, que se atirou no Nilo e foi devorado pelos crocodilos. O Papiro de Ipuur, que se encontra no Museu de Leiden, na Holanda, descreve esse tempo:

O país está cheio de saqueadores

Vai-se arar protegido com escudo
[...]
Os mendigos se tornaram donos de tesouros
[...]
O ladrão é senhor das riquezas
[...]
O rio está cheio de sangue
Qualquer asiático é pessoa ilustre
Ao passo que os egípcios se comportam como os nômades
Os velhos dizem: oxalá estivéssemos mortos!
As crianças: oxalá nunca tivéssemos nascido!
Come-se grama e bebe-se água.

Por esse poema de lamentações você pode constatar que época difícil os egípcios atravessaram e também que eles não gostavam de asiáticos e adoravam cerveja. Imagina, beber água!

Você pode constatar também que a civilização ainda lutava contra os instintos naturais do homem: "Os egípcios comportavam-se como nômades". Isto é: como os incivilizados de outrora. O Egito, mesmo em crise, era o avalista da civilização.

23

O faraó negro

Agora estamos chegando às cercanias de onde queria chegar desde o princípio. Estamos nos aproximando do ponto nevrálgico para a civilização ocidental. Do momento em que as coisas se transformaram no que hoje são.

Vamos lá.

No chamado "Reino Médio", que se iniciou em cerca de 2,1 mil anos antes de Cristo, ponteou a Décima Segunda Dinastia, fundada pelo faraó Amenemhat I, o tal que deu aquelas sábias instruções ao seu filho Sesóstris I.

Amenemhat teve de batalhar para chegar ao sucesso. Ele não tinha sangue nobre, era apenas filho de sacerdote. Conseguiu alçar-se ao poder usando de muita astúcia, estabelecendo alianças com os governadores das províncias, os nomarcas, e, talvez a mais eficaz de todas as providências, desposando uma princesa. Tudo indica que morreu assassinado. Pelo menos foi o que ficou registrado em um dos mais famosos contos do Antigo Egito, "As aventuras de Sinuhe".

Esse Sinuhe, protagonista da história, viu-se injustamente acusado do assassínio do faraó e fugiu pelo Oriente Médio afora. Depois de muitas peripécias, retornou ao lar e foi perdoado pelo novo faraó, Sesóstris, que o tratou com benevolência reconfortante. Só de ler o trecho a seguir suspiro de alívio, como se estivesse deitando a cabeça no travesseiro depois de um dia de trabalho duro:

"Fui colocado na casa do filho do rei, onde tudo era nobre e havia banho. Os anos foram tirados de meu corpo. Fui barbeado, meu cabelo foi penteado. A carga de sujeira foi lançada ao deserto, e a roupa suja dada aos carregadores de areia. E fui vestido do mais fino linho e ungido com os melhores óleos".

Nesta Décima Segunda Dinastia, o poder continuava nas mãos dos faraós, mas os estrangeiros faziam a cada ano maior pressão nas fronteiras. Um dos reis, Sesóstris III, deixou a seguinte inscrição em um templo:

"Estabeleci minha fronteira além da dos meus pais e aumentei aquilo que herdei. Sou um rei que fala e age. Valor significa agredir, ceder é vileza. Vil é aquele que se deixa invadir na própria fronteira, visto que basta abrir a boca para que os núbios obedeçam. Se alguém mostra coragem, os núbios fogem repentinamente; mas se recua, eles atacam. Não é gente corajosa, é vil de coração. Minha majestade os viu, é a verdade".

Não se tratava exatamente de "a verdade". Os núbios eram os guerreiros mais valentes do exército egípcio, não havia isso de eles fugirem repentinamente se alguém mostrasse coragem. Tanto que, pouco mais de um século depois de Sesóstris III, na Décima Quarta Dinastia, um núbio tornou-se faraó. O homem era chamado de Nehesi, que, em egípcio, significa, justamente, "núbio". Foi o primeiro faraó negro. Houve outros.

Os egípcios experimentaram essas influências forasteiras com má vontade. Assim como, mais tarde, os gregos chamaram os estrangeiros de "bárbaros", os egípcios chamavam a si mesmos de "Os Homens". Quer dizer: eles eram os únicos homens. Os outros eram os outros. Um texto da Décima Dinastia diz o seguinte:

"Observa o miserável asiático [...] ele não vive num lugar fixo, suas pernas são feitas para andar no deserto. Sempre lutou, mas nunca conquistou nada [...] não pode vencer nem pode ser vencido; pode roubar uma pessoa numa estrada solitária, mas jamais combater contra uma cidade".

Note como tudo gira em torno da dicotomia nomadismo e sedentarismo nessa etapa da história do mundo. As pernas do "miserável asiático" são "feitas para andar no deserto". Ou seja, ele é nômade. E ele "sempre lutou, nunca conquistou nada". Porque o homem só constrói algo quando se estabelece. Milênios depois, a sabedoria popular ensinaria: "Pedra que muito rola não cria limo".

O problema é que a pressão nas fronteiras nunca cessava completamente. Porque assim funcionava o mundo nos albores da civilização: uma comunidade se fixava às margens de um rio, se desenvolvia na placidez do sedentarismo, se organizava e prosperava. Em algum tempo, essa prosperidade atraía a cobiça de bandos nômades, que se acercavam das cidades e tentavam forçar a entrada e a rapinagem.

Dois mil anos antes de Cristo, os sedentários, guardiões da civilização, tinham de criar sistemas de defesa da sua sociedade. Em geral eram eficientes, porque os nômades não passavam de punhados de bandoleiros, que "não podiam vencer nem ser vencidos". Mas às vezes surgia um grupo maior, mais poderoso e mais orgânico, e aí a comunidade corria grande perigo. Tal perigo só era debelado se havia um poder central forte, que dirigisse os recursos do país para um só objetivo: o de defesa contra o invasor. O poder central forte, no caso do Egito, era o faraó. Ocorre que o sexto faraó da Décima Segunda Dinastia,

Amenemhat III, foi o último rei a ter o controle absoluto sobre o país. Amenemhat III foi aquele que construiu um palácio com mais de 3 mil aposentos e que governou por mais de quarenta anos. Depois dele, seus filhos demonstraram-se governantes débeis, os chefes das províncias aumentaram sua influência e, assim, o Egito ficou à mercê da rapacidade estrangeira. Entraram em cena, então, os já referidos hicsos, os "reis pastores", guerreiros nômades que, usando o cavalo como uma inédita arma de guerra, derramaram-se pelo Egito a partir do Delta, devastaram, saquearam, assassinaram e estabeleceram-se. Reinaram durante 220 anos.

Certo.

Agora, preste atenção nessa última informação a respeito dos hicsos, algo que já havia escrito antes: eles "devastaram, saquearam, assassinaram e estabeleceram-se". Repito o que é importante:

"Estabeleceram-se".

Mas vou tratar disso mais adiante. Neste momento, abro espaço para uma breve tergiversação.

É que há algo curioso a respeito dos egípcios e sua relação com os cavalos: eles nunca os montaram. Adotaram os cavalos introduzidos pelos hicsos, atrelaram-nos a carruagens e carros de guerra, usaram-nos, por fim, para reconquistar a independência, mas jamais cavalgaram. Quer dizer: não existiu uma cavalaria egípcia.

Por quê?

Por causa do Nilo.

Os egípcios preferiam deslocar-se através do Nilo em seus barcos leves e rápidos. Você também preferiria, se seu país fosse construído ao longo do Nilo, como uma comprida e estreita franja do rio. Pelo seguinte: imagine agora que se realizou o sonho dourado dos ecologistas e todos os carros movidos a motor jazem extintos como pássaros dodôs.

Certo.

Pegue uma cidade de tamanho médio, como Porto Alegre ou Curitiba, que tem por volta de milhão e meio de habitantes.

Certo.

Se essas pessoas se deslocarem pela cidade de bicicleta e a pé, precisarão do cavalo ou de carroças, charretes e carruagens movidas à tração animal para subir ladeiras e percorrer longas distâncias. Haveria, pois, a necessidade de pelo menos um milhão de cavalos.

Certo.

Esses bichos, como todos os bichos, comem e bebem. Logo, sentem a necessidade de expelir suas excrescências.

Certo.

Cavalos e bois, em geral, não têm o hábito de ir ao banheiro e puxar a descarga. São muito indisciplinados, fisiologicamente falando.

Certo.

Então pense em um milhão de cavalos fazendo cocô e xixi pelas ruas da cidade, todos os dias, todas as horas. Pense na cidade empesteada por fezes e urina. Pense no cheiro do ar, no aspecto das ruas, no trabalho dos garis para remover essa imundície a cada dia.

Para você ver como o seu carro não é tão malvado assim. Um barco a remo, muito menos. Portanto, se você fosse um antigo egípcio preferiria deslocar-se em barcos muito mais práticos, limpos, velozes e prudentemente inanimados.

Concluída a nossa breve tergiversação, voltemos aos hicsos.

Os hicsos, depois de serem banidos do Egito, desapareceram da História.

Como foram derrotados, se eram guerreiros tão ferozes? Aí está: os hicsos, como tantos antes deles e muitos mais depois deles, fizeram exatamente o que está escrito no final daquele parágrafo que destaquei. Vou repetir a frase, para frisar o que é importante: os hicsos "devastaram, saquearam, assassinaram e estabeleceram-se".

Estabeleceram-se.

O que significa isso? Que eles fincaram raízes, incorporaram-se à comunidade, formaram, eles próprios, uma comunidade. Significa que eles, por fim, tornaram-se sedentários. Que eles se civilizaram. Civilizado, o homem se requinta. Ele passa a se alimentar com mais sofisticação, ele tem mais momentos de lazer, ele produz arte e inala cultura. Ele se transforma em um ser humano mais feminino, porque a civilização é feminina, o sedentarismo é feminino e o nomadismo e a selvageria são masculinos.

Alguma feminista feroz pode achar que isso é um elogio à condição masculina. Que a selvageria intrínseca ao espírito do homem é algo que o torna aventuroso e romântico. Ele até pode ser, sim, aventuroso e romântico, mas também é muito mais violento. A prova está atrás das grades. Em 2011, a população carcerária do Brasil alcançou o número de quinhentas mil pessoas. Destas, 27 mil são mulheres.

Como dizia, no momento em que o homem se civiliza e, civilizado, se afemina, ele também se converte em alvo fácil para eventuais inimigos mais selvagens e, logicamente, mais masculinos. Foi o que se deu com os hicsos. Amolecidos por dois séculos de civilização, eles foram derrotados pelos egípcios e expulsos do país. Desfeita sua tradição guerreira, misturaram-se a outros povos e evaporaram para sempre.

A história que relata o início da guerra de libertação egípcia é interessantíssima. Os hicsos, como se sabe, haviam se instalado no Delta, no Baixo Egito, e de lá não saíram. Por volta do ano 1650 a.C., quem reinava em Tebas, a capital do Egito dos hicsos, era Sekenenre. Em Avari, a capital do Egito dos egípcios, o rei era Apópi. Um dia, Apópi enviou um embaixador a Sekenenre com a seguinte mensagem:

"É o rei Apópi quem me manda a propósito dos hipopótamos que existem ao redor de tua cidade, dizendo: O seu alvoroço está sempre nos meus ouvidos e não me deixa dormir nem de noite nem de dia".

Apópi estava reclamando do barulho que faziam os hipopótamos de Tebas. Detalhe: Apópi vivia em Avari, que distava seiscentos quilômetros de Tebas. Era como se o governador do Rio de Janeiro se queixasse do ruído que fazem os carros na Marginal do Tietê, em São Paulo.

Sekenenre não soube o que responder ao seu colega do Alto Egito. Consultou seus conselheiros e eles tampouco souberam como reagir. Não interessava. Apópi queria, mesmo, era provocar. Sekenenre aceitou a provocação, partiu para a guerra e perdeu. Sua múmia apresenta o crânio rachado por golpes de clava. O rei morreu em combate, portanto.

Os hicsos escafederam-se pelo deserto, voltaram à Palestina, de onde tinham vindo, e, lá, há quem acredite que fundaram uma das cidades-chave da cultura planetária: Jerusalém.

É que a história dos hicsos está muito vinculada à história dos hebreus. Alguns historiadores acreditam, inclusive, que eram o mesmo povo. Talvez fossem. Até porque os hebreus, como quaisquer povos de qualquer época de qualquer lugar, não eram uma raça homogênea. Os hebreus, mesmo sendo tão unidos por sua religião, se misturavam e continuam se misturando. E é aí que desponta a história de um dos patriarcas de Israel. Uma história que dá a ideia do começo de tudo o que pretendo contar.

24

Com a palavra, Goethe

Por volta da primeira metade do século XIX, Goethe proferiu, que Goethe não dizia, proferia, pois por volta da primeira metade do século XIX, Goethe proferiu a seguinte frase acerca da história bíblica de José, o filho de Jacó, um dos patriarcas hebreus:

"Essa é uma narrativa natural das mais encantadoras, e seu único defeito é ser demasiado breve, de sorte que nos sentimos inclinados a escrevê-la pormenorizadamente."

Por volta da primeira metade do século seguinte, Thomas Mann tomou a si a tarefa proposta por seu ilustríssimo conterrâneo. Estudou a Bíblia com profundidade arqueológica, muniu-se de recursos financeiros, arrumou as malas e viajou para o Oriente Médio. Lá, varou fontes originais a respeito da época de José, uma época que se perde a bem mais de um milheiro de anos antes de Cristo. Investigou documentos guardados em museus e vetustos arquivos do Egito e da Palestina, entrevistou-se com sábios e pesquisadores e voltou à Alemanha preparado para empreender o trabalho gigantesco. Nos anos 30, lançou quatro romances alentados baseados na história de José. Na abertura do primeiro, *José e seus irmãos*, Thomas Mann situa o leitor geográfica e historicamente numa única, longa e elegante frase que reproduzo a seguir, para seu deleite:

"O jovem José, filho de Jacó e da formosa Raquel,

que tão cedo partiu; José que viveu quando em Babel reinava Curigalzu, o cassita, Senhor das Quatro Regiões, Rei da Suméria e da Acádia, extremamente suave ao coração de Bel-Marduk, soberano a um tempo severo e pomposo, cuja barba tinha cachos dispostos em ordem tão perfeita que se assemelhavam a uma divisão de escudeiros bem equipados, enquanto em Tebas, na terra que José costumava chamar "Mizraim" e também "Kemt, o Preto", Sua Santidade o bom Deus, cognominado "Amon está satisfeito", terceiro deste nome, o próprio filho do sol, brilhava no horizonte de seu palácio e ofuscava os olhos embevecidos de seus vassalos nascidos no pó; quando Assur crescia pelo poder de seus deuses e pela grande estrada perto do mar, a qual se estendia desde Gaza até os passos das montanhas de cedro, iam e vinham as caravanas régias, trazendo as dádivas de lápis-lazúli e de ouro em barra, entre a corte do País dos Rios e a corte do Faraó; quando nas cidades dos amoritas, em Beth-San, Ajalon, Ta'anach, Urusalim cultuavam Astarté, enquanto em Siquém e Beth-Lahana ressoava o lamento de sete dias pelo filho verdadeiro, o desmembrado, e em Gebal, a Cidade do Livro, El era adorado, El que não necessitava nem de templo nem de rito; então, José, vivendo naquela região da terra de Canaã que no Egito é chamada Retenu Superior, nas tendas de seu pai em Hebron, sombreadas por terebintos e carvalhos sempre verdes, José que era um homem famoso pelo encanto que herdara de sua mãe, a qual tinha sido formosa e linda como a lua quando está cheia e como a estrela de Ishtar quando boia suavemente no claro céu; mas também provido, pelo lado paterno, de dons do espírito e talvez, em certo sentido, sobrepujando o próprio pai; José, afinal e para concluir (pela quinta ou sexta vez eu digo o nome dele, e com prazer, porque há mistério nos nomes e estou em afirmar que o conhecimento do dele outorga poderes para evocar essa personalidade noutras eras tão viva e conversável, ainda que ora afundada na voragem do tempo); José, pela sua parte, considerava uma certa cidade chamada Uru, na Babilônia Meridional, que ele na sua língua chamava Ur Kachdim, Ur dos Caldeus, como o princípio de todas as coisas, isto é, de todas as coisas que lhe diziam respeito."

Não é uma beleza de construção? Leia e releia para sorvê-la com mais gosto. É obra de um prêmio Nobel de Literatura.

Segundo a Bíblia e a *História dos hebreus*, de Flávio Josefo, esse José que tanto motivava Thomas Mann e Goethe era bisneto de Abraão, o patriarca das três grandes religiões monoteístas do planeta. Teria sido assim que aconteceu, vamos repassar: Abraão saiu da Ur dos Caldeus, citada acima por Mann, acompanhado da sua mulher Sarai, depois convertida em Sara, e seu sobrinho Lot. Viviam como seminômades, vagueavam pelo deserto, estabeleciam-se por algum tempo numa cidade, comerciavam, abasteciam-se de mantimentos, recompunham-se e depois partiam com seus rebanhos para as cercanias de outra cidade. Em meio a tais andanças, Lot firmou residência em Sodoma, lugar bastante animado e com noite forte, de onde fugiu antes de a região ser destruída pelos anjos do Senhor com uma cerrada chuva de fogo e enxofre. Na fuga, porém, Lot teve o desprazer de ver sua própria mulher transformada em estátua de sal, tudo porque ela, como toda mulher, não aguentou a pressão da curiosidade e olhou para trás a fim de ver o que acontecia com Sodoma e Gomorra, descumprindo assim orientações expressas de ninguém menos do que Jeová, o Deus dos Exércitos, entidade que não admitia desobediência.

Lot teve filhos com suas próprias filhas, enquanto Sara não conseguia conceber. Abraão, então, fez um filho na escrava egípcia Agar: Ismael, o pai de todos os ismaelitas, que são os povos árabes. Só que perto dos cem anos de idade, Sara engravidou, demonstrando todo o poder d'O Senhor e a potência de Abraão. Esse filho foi Isaac, o homem de que descendem os hebreus.

Isaac haveria de ser, em tese, o pai de Jacó e o avô de José. Mas não foi bem assim que aconteceu, o que veremos mais tarde. Por ora, vamos nos ater à interessantíssima história de Isaac. Ei-la:

Aos 127 anos de idade, Sara, a mãe de Isaac, morreu. Abraão, apesar de ser mais que centenário, continuava bem vivo e ativo, tanto que arranjou outra mulher, Quetura, com quem teve seis filhos. Os descendentes desses filhos espalharam-se pelo mundo. Alguns foram habitar as cavernas situadas à margem do Mar Vermelho, uma localidade chamada Troglodítica. Não eram muito refinados, aqueles trogloditas, e essa fama eles carregaram através dos séculos, transformando o seu gentílico em adjetivo.

Isaac só foi se casar aos quarenta anos de idade com uma moça chamada Rebeca, descrita assim no Gênesis: "A jovem era extremamente bela, virgem, e homem algum a havia possuído". Sempre achei intrigante essa redundância bíblica: ela era "virgem, e homem algum a havia possuído".

Enfim.

Logo depois do casamento, Abraão morreu, "numa ditosa velhice, em idade avançada e cheio de dias". Milhares deles: tinha, segundo Josefo e a Bíblia, 175 anos bem vividos.

Rebeca levou vinte anos para engravidar, e sua gravidez, de acordo com Josefo, era "esquisita". Na falta de exames de ultrassom, Isaac consultou O Senhor para saber o que se passava com a mulher. A resposta foi surpreendente: Rebeca estava grávida de gêmeos, e os dois meninos, mesmo estando no lugar mais acalentador e protegido do mundo, que é o ventre materno, brigavam sem parar. O Senhor disse mais: disse que deles descenderiam dois povos, e que o segundo suplantaria o primeiro.

O primeiro, tendo nascido vermelho e peludo, recebeu o nome de Esaú, que significa, exatamente, "peludo". O segundo, que nasceu segurando no calcanhar do primogênito, recebeu o nome de Jacó, que significa "suplantado". A mãe gostava mais do segundo filho, o pai gostava mais do primeiro. Essa divisão de preferências foi decisiva para o destino de ambos, como sói acontecer em todas as famílias em que há divisão de preferências.

Os autores da Bíblia também demonstraram claramente sua preferência por Jacó. Não por acaso: ele foi um dos patriarcas dos hebreus, enquanto Esaú, que também era chamado de Edom (por uma razão que já explico), foi patriarca dos edomitas. Eu, que não tenho nada a ver com isso, prefiro Esaú, e vou mostrar por quê.

A passagem do Gênesis que trata sobre a juventude dos irmãos diz assim:

"Os meninos cresceram. Esaú tornou-se um hábil caçador, um homem do campo, enquanto Jacó era um homem pacífico, que morava na tenda".

Repare que temos diante de nós, mais uma vez, a ancestral luta entre o nomadismo e o sedentarismo. Os primeiros livros da Bíblia se dedicam angustiosamente a tratar desse tema. Ali são definidos os destinos do homem. Esaú era um "hábil caçador" e Jacó "morava na tenda". Esaú representava o nômade e Jacó o sedentário. Esaú era a barbárie e Jacó a civilização. Não é à toa que a mulher, Rebeca, preferia Jacó, e o homem, Isaac, preferia Esaú.

O homem selvagem e o homem civilizado, que já lutavam no ventre da mãe, continuaram em luta, cada qual com suas armas. Vou contar a história como contou o Gênesis, com breves comentários:

"Um dia em que Jacó preparava um guisado, voltando Esaú fatigado do campo, disse-lhe:

"– Deixa-me comer um pouco dessa coisa vermelha, porque estou muito cansado".

Primeiro comentário: é por isso que apelidaram Esaú de Edom, porque edom significa "ruivo", ou "vermelho".

"Jacó respondeu-lhe:

"– Vende-me primeiro o teu direito de primogenitura".

Segundo comentário: a primogenitura era importantíssima naquela época e naquela cultura, pois o primogênito tornava-se o chefe da família depois da morte do pai e assim controlava a herança do clã.

"Esaú respondeu:

"– Morro de fome. Que me importa o meu direito de primogenitura?"

Terceiro comentário: veja aí uma prova do caráter franco, aberto e despojado de Esaú. Só um homem desapegado de valores materiais responderia assim.

"Jacó rebateu:

"– Jura-mo, pois, agora mesmo.

Esaú jurou e vendeu o seu direito de primogenitura a Jacó. Este deu-lhe pão e um prato de lentilhas. Esaú comeu, bebeu e depois se levantou e partiu".

Quarto e último comentário: note, agora, o caráter solerte e enviesado de Jacó. Ele chantageou o irmão, foi isso o que ele fez. Aproveitou-se do ensejo da fome do outro para lhe exigir algo que, naquele momento, não valia nada, mas que teria suma importância mais adiante. Jacó premeditou e iludiu como só uma mulher sabe fazer.

O que temos nessa história, frente a frente, são a civilização e a selvageria, sim, e também o homem e a mulher, a franqueza e o ardil, a imprevidência e a astúcia.

Mas o episódio mais emblemático dessa disputa foi o que se deu no fim da vida de Isaac. A clássica história da bênção paterna. A bênção era simbólica, mas acarretava resultados práticos. Significava uma espécie de confirmação dos direitos de primogenitura.

Velho e cego, sentindo-se às portas da morte, Isaac decidiu abençoar Esaú. Ou seja: empossaria o filho como chefe do clã. Chamou Esaú e pediu-lhe:

"– Toma as tuas armas, tua aljava e teu arco, vai ao campo e mata-me uma caça. Prepara-me depois um prato suculento, como sabes que gosto, e traze-mo para que o coma e minha alma te abençoe antes que eu morra".

Esaú partiu para a caçada, faceiro, sem saber que sua mãe, Rebeca, ouvira tudo e acalentava outros planos. Rebeca foi procurar Jacó, contou-lhe sobre a conversa entre Isaac e Esaú e, a seguir, informou o que tinha em mente:

"– Faça o que eu digo: vá ao rebanho e traga dois belos cabritos. Prepararei com eles um prato suculento para o teu pai, como ele gosta. Tu vais levar o prato a ele, ele comerá e vai te abençoar em lugar de Esaú.

"– Mas, mãe – argumentou Jacó. – Meu irmão é peludo, enquanto eu tenho pele lisa. Se meu pai me tocar, passarei por um embusteiro e atrairei sobre mim uma maldição em vez de uma bênção".

Mas a mãe havia pensado em tudo. Orientou Jacó para cobrir os braços e as pernas com as peles dos cabritos esfolados. O pai tocaria nele e pensaria que se tratava do cabeludo Esaú. Jacó obedeceu, Isaac meio que desconfiou, mas foi logrado e abençoou o filho errado com pompa bíblica:

"– Deus te dê o orvalho do céu e a gordura da terra, uma abundância de trigo e de vinho! Sirvam-te os povos e prostrem-se as nações diante de ti! Seja o senhor dos teus irmãos, e curvem-se diante de ti os filhos de tua mãe! Maldito seja quem te amaldiçoar e bendito seja quem te abençoar!"

O trecho da Bíblia que relata a reação de Esaú ao descobrir o engodo é triste e emocionante. Uma das narrativas mais tocantes do Velho Testamento:

"Apenas Isaac acabara de abençoar Jacó, e este saíra de junto de seu pai, chegou Esaú da caça. Preparou também ele um prato suculento e trouxe-o ao seu pai, dizendo:

"– Levanta-te, meu pai, e come da caça do teu filho, a fim de que tua alma me abençoe.

"– Quem és tu? – perguntou-lhe Isaac.

"– Eu sou o teu filho primogênito, Esaú.

"Então, Isaac, tomado de emoção violenta, exclamou:

"– Quem é, pois, aquele que foi à caça e me trouxe o prato que eu comi antes que tu voltasses? Eu o abençoei e ele será bendito.

"Ouvindo essas palavras de seu pai, Esaú soltou um grito cheio de amargura e disse-lhe:

"– Abençoa-me também a mim, meu pai!

"– Teu irmão – respondeu-lhe Isaac – veio, fraudulentamente, tomar a tua bênção!

"Esaú disse então:

"– Será porque ele se chama Jacó que me suplantou já duas vezes? Tirou-me meu direito de primogenitura, e eis que agora rouba a minha bênção! – E ajuntou: – Não reservaste, porventura, uma bênção também para mim?

"Isaac respondeu-lhe:

"– Eu o constituí, e dei-lhe todos os seus irmãos por servos, e o estabeleci na posse do trigo e do vinho. Que posso ainda fazer por ti, meu filho?

"Esaú disse ao seu pai:

"– Então só tens uma bênção, meu pai? Abençoa-me também a mim, meu pai!

"E pôs-se a chorar.

"Isaac tomou a palavra:

"– Eis que a tua habitação será desprovida da gordura da terra e do orvalho que desce dos céus. Viverás da tua espada, servindo o teu irmão, mas, se te libertares, quebrarás o teu jugo de cima do teu pescoço".

Com essa bênção alternativa, Isaac deu permissão a Esaú para vingar-se de Jacó. Mas Rebeca entrou em ação novamente: avisou Jacó do perigo que ele corria e mandou que fugisse para a casa do irmão dela, Labão. Jacó escafedeu-se para a casa desse tio, onde novas e estrepitosas aventuras o esperavam.

25

O lema do barão

Citius, altius, fortius. O mais rápido, o mais alto, o mais forte.

O lema dos Jogos Olímpicos que o barão de Coubertin tomou emprestado de um frasista amigo seu, o padre Didon, esse lema que vige até hoje nos Jogos é, de resto, a razão de ser de quaisquer jogos esportivos. Um jogo pretende sempre apurar quem é O Melhor. Mas esse é um anseio irrealizável. Não existe nem nunca existiu nem jamais existirá O Melhor no que quer que seja.

A prova do que digo é fornecida, exatamente, pelo esporte. Você pega o futebol, por exemplo. O mais popular dos jogos esportivos. O futebol oferece uma série de exemplos clássicos de que é impossível apontar quem é O Melhor. O Maracanazzo de 50, quando Obdulio Varella e mais dez uruguaios intimoratos silenciaram duzentas mil pessoas no Maracanã; a derrota acachapante da Hungria de Puskas para a Alemanha em 54; a mesma Alemanha batendo o Carrossel Holandês de Cruyff vinte anos mais tarde; o fracasso do Brasil de Telê em 82; o estranho desfalecimento de Ronaldo que levou a Seleção Brasileira à falência na França em 98. Exemplos mundiais, notórios, do tamanho de uma Copa do Mundo. E todas as semanas explodem outros, menores, mas igualmente expressivos, de favoritos se desmanchando diante de inimigos pretensamente inofensivos.

Isso poderia significar a frustração absoluta do esporte, já que o principal objetivo da atividade não é atingido. Mas não é o que acontece. Ao contrário, até: o esporte acaba alcançando plenamente o seu objetivo através de dois caminhos opostos:

1. O esporte, mesmo que não apure quem é O Melhor, dá a ilusão de que apurou quem é O Melhor. Pelo menos momentaneamente, pelo menos ao fim de uma temporada. Essa ilusão é um consolo para as pessoas. Elas se enganam pensando que é possível haver alguém ou algo que seja O Melhor, e então a vida se torna mais simples, organizada e compreensível. Ali está O Melhor, depois dele vem o segundo melhor, a seguir o terceiro melhor e, lá adiante, em último lugar, chafurda o pior de todos. Isso é tão conveniente. Tudo está classificado, rotulado e arquivado. Não é preciso mais pensar no assunto. Dá a confortadora ideia de que a existência é previsível, e tudo o que o homem quer é que a vida seja previsível debaixo do sol.

2. Exatamente (e contraditoriamente) por não conseguir jamais apurar quem é O Melhor, por apresentar vez em quando uma surpresa chocante, o esporte fascina as pessoas. Porque elas percebem que ali está a representação da vida, as incongruências, incoerências e imprevistos da vida. Os dramas, as comédias, as tragédias, as alegrias e tristezas todas da existência são reproduzidas pelo esporte em escala inofensiva. No esporte, ninguém deve se machucar de verdade, o que deve ser reproduzido é o ferimento existencial. A vida não é reta, e o esporte mostra isso a cada torneio, assim como o mundo mostra isso todos os dias.

São sentimentos conflitantes, mas que acabam se completando e se encaixando à perfeição: no esporte, as pessoas anseiam por apurar quem é O Melhor e acreditam que vão apurar quem é O Melhor. Mas, ao não conseguirem, ao serem surpreendidas, entendem que a vida é assim mesmo, que há circunstâncias imponderáveis em tudo e em todos, e isso termina sendo a grande lição do esporte. A beleza do jogo esportivo é precisamente essa incapacidade de atingir seus próprios objetivos.

O esporte é fascinante por isso: porque tenta demonstrar quem é o mais forte, mas acaba demonstrando que, mesmo que exista alguém muito forte, sempre haverá alguém ainda mais forte. O esperto sempre encontra alguém mais esperto, a mais bela sempre encontra outra ainda mais bela. A encantadora e embasbacante variedade da vida.

Pois bem. Jacó era esperto. Suplantou o irmão duas vezes, como o próprio Esaú se apercebeu disso aos prantos, quando já era tarde demais. Só que, como o esporte ensina, sempre existe alguém mais esperto do que o mais esperto. Agora, Jacó seria suplantado, e o suplantador seria seu tio, Labão.

Labão vivia na Mesopotâmia, de onde havia saído Abraão. Jacó instalou-se na casa do tio e se apaixonou por uma das filhas dele, uma beldade chamada Raquel. Pediu-a em casamento, cheio de esperanças amorosas. Labão, como bom mercador que era, viu no desejo de Jacó o que qualquer comerciante vê no desejo das outras pessoas: uma ótima oportunidade de negócio. Respondeu que ficaria contente em tê-lo como genro, mas impôs uma condição: Jacó teria de servi-lo de graça durante sete anos. Só depois é que Raquel estaria livre para casar e partir com Jacó para Canaã, onde viviam os velhos pais dele, Isaac e Rebeca. Ou seja: para ter Raquel, Jacó haveria de se reduzir à escravidão por sete anos. Que mulher vale tamanho sacrifício? Há um famoso poema de Charles Bukowski, "Como ser um grande escritor", em que ele diz o seguinte:

> Como ser um grande escritor
>
> Você tem que trepar com um grande número de mulheres
> belas mulheres
> e escrever uns poucos e decentes poemas de amor.
> e não se preocupe com a idade
> e/ou com os talentos frescos e recém-chegados.
> apenas beba mais cerveja
> mais e mais cerveja
> e vá às corridas pelo menos uma vez por
> semana
> e vença
> se possível.
> aprender a vencer é difícil -
> qualquer frouxo pode ser um bom perdedor.
> e não se esqueça do Brahms
> e do Bach e também da sua cerveja.
> não exagere no exercício.
> durma até o meio-dia.
> evite cartões de crédito
> ou pagar qualquer conta no prazo.
> lembre-se que nenhum rabo no mundo
> vale mais do que cinquenta pratas.
> e se você tem a capacidade de amar
> ame primeiro a si mesmo
> mas esteja sempre alerta para a possibilidade de uma derrota total
> mesmo que a razão para essa derrota
> pareça certa ou errada – um gosto precoce de morte
> não é necessariamente uma coisa má.

fique longe de igrejas e bares e museus,
e como a aranha seja paciente – o tempo é a cruz de
todos, mais o exílio
a derrota
a traição
todo este esgoto.
fique com a cerveja.
a cerveja é o sangue contínuo.
uma amante contínua.
arranje uma grande máquina de escrever
e assim como os passos que sobem e descem
do lado de fora de sua janela
bata na máquina
bata forte
faça disso um combate de pesos pesados
faça como o touro no momento do primeiro ataque
e lembre dos velhos cães
que brigavam tão bem:
Hemingway, Céline, Dostoiévski, Hamsun.
se você pensa que eles ficaram loucos
em quartos apertados
assim como este em que agora você está
sem mulheres
sem comida
sem esperança
então você não está pronto.
beba mais cerveja.
há tempo.
e se não há
está tudo certo
também.

O Velho Buk. Reserva-nos sempre palavras sábias. Lembre que, para o Velho Buk, nenhum rabo valia mais do que cinquenta pratas. Em valores dos anos 70 do século XX, naturalmente. Alguém dirá que esse é um cinismo próprio dos tempos modernos. Nada disso. Esse é um cinismo próprio de um poeta etílico e despojado como o Velho Buk. Nos tempos modernos, como em quaisquer tempos, há homens capazes de cometer os maiores sacrifícios e as maiores insanidades por causa de uma mulher. Porque nós homens somos sonhadores. Nós, com nosso espírito selvagem, nômade e mal-adaptado à civilização, nós acreditamos que a vida é uma aventura, e não há aventura mais excitante do que conquistar uma linda mulher.

Raquel devia ser uma linda mulher, a mais linda que os olhos sonhadores de Jacó já haviam contemplado na poeira do Oriente Médio, pois ele aceitou a proposta de Labão.

"Assim, Jacó serviu por Raquel sete anos, que lhe pareceram dias, tão grande era o amor que lhe tinha", relata o Gênesis, numa das passagens mais românticas do primeiro livro da Bíblia.

Passados os sete anos do acordo, Labão preparou uma grande festa para o casamento. Jacó, alegre com a liberdade e com a conquista da mulher amada, se fartou. Comeu e bebeu. Principalmente bebeu. Embriagado, encaminhou-se, trôpego, para a noite de núpcias e consumou o casamento. Ao acordar, espreguiçou-se, esfregou os olhos, emitiu um suspiro de realização, olhou para o lado... e tomou o maior susto. Qualquer homem que tenha vivido uma intensa vida de solteiro depois de meados do século XX já passou pelo que Jacó passou naquela manhã. Aquela sensação de olhar para a mulher com quem se partilhou uma noite de loucuras e pensar:

– Meu Deus, o que foi que eu fiz???

Ocorre que, ao lado de Jacó, não estava deitada a bela Raquel, e sim sua irmã mais velha Lia, descrita por Flávio Josefo, com algum eufemismo, como uma mulher que "nada tinha em si mesma que pudesse despertar o amor". Em outras palavras, tratava-se de uma baranga.

Jacó saltou da cama, deixou o jaburu para trás e foi queixar-se a Labão. Não era essa a irmã por quem ele tinha se esfalfado durante sete anos, provavelmente Jacó não trabalharia nem sete dias por Lia. Labão, astucioso, desculpou-se e disse que havia mandado Lia para o leito conjugal, em vez de Raquel, porque lá onde viviam o costume era casar a irmã mais velha antes da mais moça. Mas Jacó não precisava se preocupar, ele teria também Raquel, desde que, é claro, trabalhasse mais sete anos de graça. Que fazer? Jacó topou o arranjo. Trabalhou mais sete anos. Em compensação, ganhou não apenas as duas esposas, Raquel e Lia, mas também as duas criadas delas, Zilpa e Bila, admitidas na família como concubinas.

Enquanto servia o sogro espertalhão, Jacó matava o tempo fazendo filhos em suas mulheres. O primeiro deles foi Rúben, filho de Lia. Esse Rúben terá papel importante na história que se segue, mas, antes de contar o que aconteceu, vai aí uma fofoca: ao crescer, Rúben teve um caso com a criada-concubina Bila. Jacó descobriu e ficou chateado. Como deviam ser intensas essas relações interfamiliares nos grandes clãs da Antiguidade.

Mas, voltando à história de Jacó: ele trabalhou mais sete anos de graça. Ao cabo desse tempo, empregou-se como guarda geral dos rebanhos de Labão. Ficou no posto por outros seis anos, acumulando posses e filhos. Foi um administrador competente, aumentou o patrimônio do sogro e o dele próprio. Depois de duas décadas, possuía um rebanho razoável, quatro mulheres, onze filhos e uma filha. Esses onze filhos, e mais um que viria mais tarde, seriam os fundadores das doze tribos de Israel, o outro nome pelo qual Jacó tornou-se conhecido.

Quando enfim Jacó, ou Israel, como você preferir, decidiu voltar para Canaã, Labão não permitiu. Óbvio: não queria dividir suas propriedades com o genro. Jacó teve de recolher tudo o que possuía e fugir à sorrelfa. A história da fuga de Jacó é aventurosa e repleta de casos em que ele e Labão usaram de ardis para enganar um ao outro. Mas, no momento, é apenas um aspecto dessa história que nos interessa.

O que nos interessa são os terafins de Labão.

Os terafins eram ídolos domésticos, deuses com talhe humano, estatuetas que, além de servirem para adoração, davam a quem as possuía o direito à herança familiar. Josefo conta que, antes da fuga, Raquel "tomou os ídolos de seu pai [...] para aplacar a cólera de Labão, restituindo-os, caso ele os perseguisse".

Essa informação tem um significado importante: significa que o monoteísmo não era regra entre os hebreus e que o politeísmo era aceito com naturalidade por eles.

Essa não é a única prova. O politeísmo praticado pelos hebreus pioneiros volta e meia surge ao longo da Bíblia e do relato de Josefo, fresteia em meio à narrativa, bota a cabeça para fora, furtivo, e desaparece rapidamente. São lascas da verdade que despontam aqui e ali.

Eis o fascínio dessas histórias velhas de milênios. Afaste a religião para aquele lado ali, porque a religião é matéria de fé e, em matéria de fé, não existe análise crítica; só existe crença. Portanto, repito: deixe a religião quieta num canto. Pegue as escrituras. Mesmo assim, mesmo que você agora não considere as escrituras sagradas, elas contam algo sobre quem as escreveu e o que pretendia. Contam algo sobre a História com agá maiúsculo.

Esse mesmo relato do roubo dos terafins de Labão, além de apontar para o politeísmo dos hebreus primitivos, apresenta um erro histórico que fornece mais pistas sobre a verdade. O erro desponta quando a Bíblia conta que Labão alcançou Jacó e o acusou do roubo dos terafins. Jacó não sabia que Raquel os havia pegado, ficou indignado e desafiou Labão a revistar suas tendas. Labão investiu sobre as tendas das criadas-concubinas de Jacó, uma depois da outra, e nada encontrou. A seguir, invadiu a tenda de Lia, a filha feia, e também não achou terafim algum. A última a ser investigada foi a bela Raquel, que não era apenas bela; era esperta. Raquel escondeu os ídolos debaixo da sela de seu camelo, sentou-se em cima e miou para papai:

"– Desculpe, meu pai, por não poder levantar-me em sua presença, pois estou agora com a indisposição que costuma vir às mulheres."

Essa é uma espetacular arma feminina contra a qual os homens não têm defesa. O que um homem pode responder quando uma mulher alega estar com um problema derivado da menstruação? Só pode dizer "claro, claro" e se afastar em direção a sua ignorância. Porque a menstruação é o grande mistério das mulheres, é algo que faz delas seres completamente diferentes e, muitas vezes, insondáveis. Mais: a menstruação é a origem de uma superioridade das mulheres em relação aos homens. Porque, graças à menstruação, as mulheres compreendem o mundo como o mundo é, graças à menstruação, as mulheres se transformam em seres práticos, terrenos, conectados à fria realidade da vida, enquanto nós homens somos sonhadores e românticos e, como todos os sonhadores e românticos, dramaticamente suscetíveis a cair no ridículo.

Por que a menstruação é capaz de fazer essa mágica? Porque não é mágica. Tudo acontece no ritmo inexorável da natureza.

Imagine uma mulher muito jovem, que menstrua pela primeira vez. Mesmo que ela tenha sido advertida do evento pela mãe, a menina irá se espantar, ou se admirar com o que está acontecendo com seu corpo. Ela está SANGRANDO, está sentindo coisas estranhas, tudo aquilo é novo. Por que aquilo acontece? Que significado tem? Ainda que a menina não teça uma reflexão concreta sobre o assunto, ela está sentindo as mudanças, está percebendo as diferenças, o que vai provocar mudanças também em seu espírito. Em pouco tempo, a mulher compreenderá, racionalmente ou não, que ela experimenta o ciclo da vida. A menstruação é a própria natureza representada, porque tudo, na natureza, nasce, se desenvolve, atinge o ápice, decai e morre. Esse ciclo é experimentado pelas mulheres todos os meses. Portanto, a mulher conhece a natureza na intimidade, pois ela sabe que a natureza está dentro dela, ela sabe que também faz parte da natureza e que tudo, ela e a natureza, é uma coisa só.

Nós homens precisamos criar sistemas filosóficos para compreender o mundo. As mulheres só precisam menstruar.

Então, quando uma mulher como a linda Raquel diz a um homem, como ela disse a seu pai Labão, que não pode fazer isso ou aquilo por estar menstruada, o homem apenas abaixa a cabeça, submisso à sua inferioridade natural, e se vai, frustrado. Foi o que Labão fez, e assim Raquel salvou Jacó e todo o povo de Israel por todas as gerações vindouras.

Mas eu dizia lá atrás que a Bíblia incorrera em um erro histórico ao narrar esse caso. É que Raquel escondeu os ídolos "sob a sela do camelo", e segundo os historiadores o camelo não foi domesticado antes do ano 1000 a.C. Os egípcios, que tinham palavras para tudo, nem sequer tinham uma palavra para camelo. É provável que só o tenham domesticado depois de serem conquistados pelos assírios em 653 a.C.

Isso significa que os autores da Bíblia mentiram?

Não.

Isso significa que os autores da Bíblia escreveram essas histórias muito depois do período em que elas aconteceram, ou que poderiam ter acontecido. Uma diferença de séculos em geral causa imprecisões narrativas. E aí chegamos a outra imprecisão importante que foi inclusive apontada por Thomas Mann quando ele contou a história de José. É que, de acordo com a Bíblia e Flávio Josefo, José era bisneto de Abraão. Só que, na verdade, havia vinte gerações entre um e outro. Embora não haja prova concreta da existência de José, os historiadores concluíram, através de uma série de indícios, que ele deve ter migrado para o Egito no tempo dos hicsos, três ou quatro séculos depois de Abraão ter arrastado as sandálias de couro pelas areias do Oriente Médio.

Esse é um dado importante, porque aproxima os hebreus de um tempo especial para os egípcios, um tempo que faz toda a diferença na história que estamos contando. Mas, antes disso, é preciso falar sobre a interessante história de José, aquela que maravilhou Goethe e Thomas Mann. Sobre ela será o próximo capítulo.

26

Parerga e paralipomena

José era um chato.

Você também chegará a essa conclusão ao ler a história dele. Eis aí uma característica da Bíblia que a torna um livro magnífico, um épico comparável à *Ilíada* e à *Odisseia*, uma trama romanesca tão poderosa quanto as de Dostoiévski: os heróis bíblicos são humanos, demasiado humanos, frequentemente abalados por fraquezas, torturados por dilemas, cediços às tentações da carne, não raro gananciosos, traiçoeiros e violentos.

Israel, antes Jacó, o patriarca que deu nome a um povo, você viu, era um tipo inconfiável. Enganou o próprio irmão gêmeo, esse sim, um homem íntegro e despojado. A prova do que digo foi o reencontro dos dois. Jacó ingressou cheio de receio na terra em que vivia Esaú. Esaú, percebendo a chegada de estranhos, foi ao encontro deles ladeado por quatrocentos homens. Jacó se assustou com aquele grande número e, para aplacar a eventual ira do irmão, enviou batedores com presentes – animais do seu rebanho etc. Esaú, ao reconhecer o irmão, abriu os braços, não demonstrou o mais pálido ressentimento, acolheu-o e não aceitou presente algum. Era um homem de verdade.

Jacó estabeleceu-se na região de Canaã e lá prosseguiu em suas aventuras, deslocando-se constantemente de uma cidade a outra, como bom seminômade que era. Não chegou a reencontrar a mãe, Rebeca, que já havia encerrado seus dias neste Vale de Lágrimas. O pai viveu um pouco mais. Raquel, sua mulher preferida, morreu em trabalho de parto em meio a uma dessas viagens, nas cercanias de Belém. Enquanto agonizava, em desespero, Raquel pôs no menino o nome de Benoni, que significa "filho da minha dor". Um nome lindo, mas também um fardo que seu dono carregaria pelo resto da vida. Jacó, decerto prevendo os gastos com psicanálise, mudou o nome do rapaz para Benjamin, que é "filho da minha mão direita", uma manifestação de força que seria confirmada mais tarde pelo caráter guerreiro da tribo israelita que dele descenderia.

Benjamin não deve ter participado diretamente dos fatos que vou narrar a seguir. Era muito novo, então. O que se deu foi o seguinte: Jacó e sua família viviam uma época de fartura e boa sorte em Canaã. Veja como Josefo descreve a situação do clã:

"A prosperidade com que Deus favorecia a Jacó era tão grande que nenhum outro no país o igualava em riquezas. E as excelentes qualidades de seus filhos não somente o tornavam feliz, mas também considerado por todos. Eles não tinham menos espírito que sabedoria e coração, e nada lhes faltava do que os pudesse tornar estimados. Deus tomava também tal cuidado por esse fiel servidor e concedia-lhe tão liberalmente as suas graças que mesmo as coisas que pareciam ser-lhe adversas acabavam em seu proveito".

Portanto, estava tudo certo, não é?

Não.

Lentamente, as sombras da tragédia tomavam corpo e logo cairiam sobre a família do patriarca hebreu.

Em *Parerga e paralipomena*, Schopenhauer escreveu que:

"Para o bem-estar do homem, para todo o modo de sua existência, a coisa principal é, manifestamente, o que se encontra ou acontece dentro dele mesmo. Com efeito, é nisso que reside o seu contentamento íntimo, ou descontentamento, que é antes o resultado do seu sentir, querer e pensar; enquanto tudo o que se situa na exterioridade tem apenas influência mediata. Por isso, os mesmos acontecimentos, ou situações exteriores, afetam de modo diverso cada pessoa, e, em igual ambiente, cada um vive num mundo diferente. Pois o homem lida imediatamente apenas com suas próprias representações, seus próprios sentimentos e movimentos da vontade".

Esse trecho diz tudo, vou repetir: "Em igual ambiente, cada um vive num mundo diferente".

Grande Schopenhauer. Pois não é a riqueza, o poder e a glória, não é nem mesmo a saúde que faz a felicidade do homem. É o que ele traz dentro de si mesmo. Note que a família de Jacó vivia em reluzente fortuna material e espiritual, mas isso não era o suficiente. Pelo menos não era para dez dos doze filhos de Jacó. Eles invejavam José, o primeiro filho de Raquel, porque o pai o amava mais do que a todos.

Bem, pelo menos é o que diz a Bíblia. José era belo, era cheio de talentos, era o "filho da velhice de Jacó", e por isso era mais estimado do que os outros. Esse é o estratagema de qualquer um que se descobre objeto de desamor das outras pessoas. Como você justifica o ódio que os outros lhe dedicam? Com seus próprios méritos. Você jamais cogita estar sendo odiado por seus defeitos ou devido aos seus erros. Não: você é odiado por suas qualidades. Os outros sentem inveja de você, tão bom você é. Isso é muito confortável, mas, na maioria dos casos, não passa de autoilusão.

No caso de José, dez irmãos o detestavam. Tanto que planejaram matá-lo. Dez é um número muito elevado. Esse ódio unânime não podia ter brotado apenas por inveja, até porque os rapazes "não tinham menos espírito que sabedoria e coração". Logo, José devia ter sua parcela de culpa. Há pistas a respeito na própria Bíblia, uma passagem rápida que conta o seguinte:

"José, ainda jovem, com a idade de dezessete anos, apascentava o rebanho com seus irmãos; e ele contou a seu pai as más conversas dos irmãos".

Arrá! Explode-nos na cara a verdadeira personalidade de José. Ele era um dedo-duro, um alcagueta, um X-9. Em resumo, um traidor. Os irmãos não o suportavam mais. Assim, um dia em que apascentavam os rebanhos do pai numa localidade afastada, resolveram assassiná-lo. Não o fizeram porque entrou em ação a maturidade do irmão mais velho, aquele Rúben, que teve um caso com uma das concubinas do pai. Com um discurso emocionado, Rúben convenceu os outros nove a não mancharem as mãos com o sangue do irmão. Propôs que o atirassem numa cisterna seca e lá o deixassem para morrer de fome. Seu plano era voltar mais tarde e salvá-lo. Os irmãos assim fizeram. Rúben voltou à noite, chamou José da boca do poço, mas... surpresa: José não estava mais lá. Ocorre que, quando Rúben se afastou, os irmãos venderam José a uma caravana de ismaelitas que levava resina, bálsamo e ládano para o Egito. Essas substâncias, resina, bálsamo e ládano, eram muito valiosas para os egípcios, que as usavam para embalsamar suas múmias. Os escravos também tinham seu valor, e assim José foi vendido a Putifar, o chefe da guarda do faraó.

E agora, finalmente, chegamos aonde eu queria. Voltamos ao Egito, e lá está também José. É uma encruzilhada importante do caminho do homem para se transformar no homem ocidental.

27

O onanismo

O Gênesis abre um curioso parêntese em meio à história de José, uma edícula que não tem a ver com a construção narrativa principal, deslocada, meio torta, mas realmente interessante. Esse desvio relata o destino de um dos irmãos de José, Judá. Como o parêntese é de fato curioso, vou abri-lo também. Ó:

(A tribo de Judá, óbvio, é a Judeia, de onde, mais óbvio ainda, vem a designação "judeu". Logo, trata-se de um personagem importante. Esse Judá casou-se com uma cananeia chamada Sué, com quem teve três filhos, Her, Onã e Sela. O primogênito, Her, cresceu, tornou-se adulto e casou-se com uma moça local, uma certa Tamar. Mas Her era "mau aos olhos do Senhor", segundo a Bíblia. O que ele fazia de tão maligno a Bíblia não especifica. Seja o que for, não devia ser pouca coisa, pois o Senhor puniu Her com nada menos do que a morte. Sua mulher, Tamar, no entanto, ainda não tivera filhos. Pelo costume da época, o pai do marido morto, no caso, Judá, devia dar a nora, no caso, Tamar, em casamento ao segundo filho sobrevivente, no caso, Onã. Chama-se a esse costume "levirato". Levir, em latim, é cunhado. Há um técnico de futebol brasileiro que se chama Levir Culpi; ou seja: Cunhado Culpi. Ou será que Culpi tem a ver com culpa? Cunhado culpado. Adequado à sequência da história.

Bem.

A ideia do levirato é não deixar o primogênito sem descendência. Por isso, o filho que a cunhada teria do cunhado seria considerado filho do marido falecido. A herança da família, portanto, passaria para o filho de Onã com Tamar, e não para Onã. Afinal, o filho que ele deveria fazer não seria dele, mas do irmão primogênito. Como Onã espichava o olho para a fortuna da família, ele decidiu que não faria filho em Tamar. Optou por "espojar-se no solo", de acordo com o Gênesis. Em bom latim, coitus interruptus. O que significa que a acepção atual para "onanismo" não é precisa. De qualquer forma, o Senhor, que está sempre atento e que na época adotava a política de tolerância zero, não gostou do estratagema de Onã e matou-o também. Essa sentença rigorosa geraria inúmeras aflições aos rapazes adolescentes dos séculos vindouros, em que a tradição religiosa apontaria a masturbação como um ato criminoso, passível de punições terríveis como a cegueira, o definhamento ou o crescimento de horríveis pelos nas mãos.

O fato é que Jeová matou também Onã. Sobrou a Judá um único filho, o caçula Sela, e esse ele decidiu não arriscar casando-o com a viúva negra Tamar. Mandou a mulher de volta para a casa da família e manteve o filho solteiro e saudável.

Nesse interregno, a mulher de Judá morreu. O que deu ideias a Tamar. Decidida a ter um filho do clã de Judá, ela disfarçou-se de prostituta e foi fazer ponto no caminho por onde passava o ex-sogro. Na época, uma mulher não se disfarçava de prostituta vestindo microssaia e botas até os joelhos, como Julia Roberts em *Uma linda mulher*. Bastava-lhe cobrir o rosto com um véu. Era um costume que protegia a mulher. Ela exercia seu ofício e preservava a identidade. Essa narrativa da Bíblia demonstra como a prostituição era encarada com naturalidade pela sociedade da Antiguidade, como a relação entre sexo e pecado é moderna, e não ancestral.

Tamar, portanto, cobriu o rosto com um véu e foi fazer o trottoir, até que Judá apareceu e se interessou. Negociaram o preço. Ela disse que se entregaria em troca de um cabrito, o que, suponho, devia ser um bom preço. Judá topou e esfregou as mãos:

– Vamos lá.

Aí Tamar olhou em volta e perguntou:

– Cadê o cabrito?

Logicamente, Judá não andava por aí acompanhado de cabritos. Informou-lhe que seus cabritos estavam no rebanho, onde usualmente vivem os cabritos, e que lhe daria um depois que se espanassem, repoltreassem e refestelassem. Tamar não gostou, pediu uma garantia e Judá deu-lhe seu anel, seu bastão e seu cordão. Trato feito, encaminharam-se para o tugúrio do amor. Tamar, é claro, já devia saber que estava em período fértil, pois ficou grávida de pronto. Depois de tudo consumado, ela voltou para casa tranquilamente. Mais tarde, Judá ainda a procurou para entregar-lhe o cabrito e pegar seus pertences de volta, mas não a encontrou. Esqueceu o caso. Passados três meses, algum vizinho fofoqueiro correu a avisar Judá que sua nora "havia se portado mal" e estava grávida. Ele ficou furioso.

– Que ela seja queimada! – gritou.

E foi aquela confusão. Pegaram Tamar e a arrastaram para fora de casa. Estavam prestes a queimá-la, quando ela avisou que contaria quem era o pai.

Pararam todos, expectantes.

– É o dono desses objetos – disse, mostrando o anel, o cordão e o bastão.

Judá os reconheceu, se enterneceu e assumiu Tamar. Seguindo a tendência da família, seis meses depois eles tiveram gêmeos. E viveram felizes para sempre.

Bonito, não?

Bonito, mas repare nas informações que a história dá a respeito das mulheres da época: como já disse, não havia preconceito contra o ato sexual. Uma mulher, se quisesse viver da prostituição, ou mesmo se quisesse se regalar com sexo casual, poderia fazer isso sem problemas: ninguém lhe veria o rosto protegido com o véu profissional. Se você lembrar do caso de Bila, a mais jovem e formosa das concubinas de Jacó, com seu filho mais velho, Rúben, concluirá que havia tolerância até mesmo para com a mulher que traía o marido.

Certo.

Agora pense no que podia ter acontecido com Tamar, quando Judá descobriu que ela levava no ventre um filho ilegítimo: ela seria queimada. Isto é: não havia tolerância para com a mulher que ENGRAVIDAVA fora do matrimônio. Relembre o centro de todos os dramas dos patriarcas hebreus descritos até aqui: as disputas entre Isaac e Ismael pelos favores de Abraão, as disputas entre Esaú e Jacó pelos favores de Isaac, a morte de Onã. Qual é o ponto nevrálgico disso tudo? É a HERANÇA. Foi a herança que escravizou a mulher à fidelidade inflexível por todos esses séculos. A herança é a mãe da monogamia.)

Fechado esse parêntese, voltemos ao infeliz José, vendido como escravo a Putifar, chefe da guarda do faraó. Em verdade, José era escravo, mas não era tão infeliz.

Ao contrário, logo ganhou a confiança de seu amo, que lhe proporcionou educação superior e pôs em suas hábeis mãos a administração de todos os negócios da casa, no que José se saiu muito bem.

Além de competente, José era "belo de corpo e de rosto", o que despertou a lascívia da mulher de Putifar. Um dia ela chegou-se ao criado e propôs:

– Dorme comigo!

É exatamente assim que a Bíblia conta que ela falou, "Dorme comigo!", sem tergiversações, sem volutas, direta e firme.

José, provando ser um homem controlado, recusou a oferta. Mas uma mulher, depois que chega a esse ponto, não recua. Porque, em geral, a mulher não aceita que o homem a rejeite. À rejeição fria e indiferente, a mulher prefere a traição fervente e pulsante. Aí está. Do século XX para cá, as feministas têm reclamado, protestado e denunciado quando as mulheres são tratadas como "objeto". Um erro crasso das feministas na interpretação da alma feminina. Para a mulher, em determinado período da vida, é indispensável sentir-se objeto: objeto de desejo. Uma das realizações da feminilidade é sentir-se objeto de desejo, da concupiscência dos homens.

É evidente que para uma mulher muito feia ou para uma mulher muito bela é fácil criticar esse sentimento, porque a mulher muito feia já aprendeu que jamais será objeto de desejo e a mulher muito bela sabe que jamais deixará de sê-lo. Logo, é compreensível a grita de "não queremos ser vistas como um objeto!"

Só que as mulheres querem, sim, ser objeto de desejo, e se comprazem com isso. Por essa razão, quando um homem as repudia sexualmente, elas se sentem feridas de morte. No momento em que uma mulher se oferece e um homem responde "não, obrigado", o que ocorre é uma inversão do processo natural da evolução, uma implosão da lógica biológica. Que é a seguinte: um homem, quantos filhos um homem pode ter? Milhares. Quantos descendentes ele pode ter? Milhões.

Nesse sentido, o homem mais bem-sucedido da história evolutiva da humanidade, o campeão entre os campeões, o ser humano que atingiu de forma mais gloriosa os objetivos da espécie foi Gengis Khan. No início dos anos 10 do século XXI o Departamento de Bioquímica da Universidade de Oxford liderou uma equipe de cientistas ingleses, italianos, chineses, mongóis e uzbeques numa pesquisa que tinha por objetivo desenhar um mapa genético da região entre o mar Cáspio e o oceano Pacífico, por onde zanzaram e guerrearam os mongóis. Depois de afanosas diligências, os pesquisadores fizeram uma descoberta surpreendente: existe a possibilidade de que oito por cento da população daquela área, o equivalente a 12 milhões de pessoas, sejam descendentes de Gengis Khan. Alguns apressados acreditam que meio por cento da população mundial seja da linhagem do Khan. Isso é possível não apenas por Gengis Khan ter disposto de um número generoso de mulheres e concubinas regulares, mas porque, a cada conquista, todas as mulheres jovens capturadas passavam por suas mãos calosas e ávidas, antes de serem entregues em definitivo aos soldados. Gengis Khan deixou explícito quem era e o que fazia numa frase:

"A maior alegria de um homem é, depois de arrasar o inimigo, invadir sua casa, cavalgar em seus cavalos e possuir suas mulheres e filhas".

Ecce Homo. Gengis Khan não tecia considerações. Ele queria ser o Senhor da Terra, e era. Nessa ânsia animal de conquista e dominação, ele espalhou seus genes pelo planeta como talvez nenhum outro antes ou depois dele. O que o torna um super-homem, pois esse é o impulso biológico do ser humano do gênero masculino: multiplicar sua descendência, deixar sua marca cromossômica sarapintada pela posteridade afora. Um homem pode fazer isso, dele podem vir milhões. Uma mulher, não. Uma mulher muito fértil pode ter bem duas dezenas de filhos, mas a que custo! É por isso que uma mulher tem de escolher com critério o seu parceiro reprodutivo. Ela não pode errar, ela não tem muitas chances.

E não é assim que funciona? É a mulher quem escolhe. O homem se acha "conquistador", mas quem conquista é a mulher, e para isso basta-lhe um olhar de viés, um meio sorriso, o erguer de uma única sobrancelha. Ela emite um sinal, e o homem vem, arfante, língua de fora, baba escorrendo, jurando que irá submeter, mas submetendo-se. Então, para um homem a rejeição não faz diferença, evolutivamente falando: se ele não puder plantar sua semente aqui, tentará plantá-la ali adiante, ou lá, ou acolá. Para uma mulher, faz. Porque a mulher ESCOLHEU. Houve reflexão na sua escolha. Ela preza a qualidade. Além disso, ela sabe que o homem quer multiplicar sua descendência, que para o homem o que importa é a quantidade. Logo, o fato de ela ser rejeitada é um insulto biológico. Ele tem de querê-la porque, em tese, ele quer QUALQUER UMA.

Eis o drama de José. Ele rejeitou a mulher de Putifar. A rejeição é um insulto para qualquer mulher, e é um insulto muito mais grave para a mulher que se julga superior ao homem que a rejeitou, caso em questão. Furiosa, a mulher de Putifar foi ao marido para queixar-se de que José havia feito exatamente o contrário do que fez. Disse que José a atacou, que queria possuí-la. Putifar, indignado com a suposta deslealdade do servo e encantado com a suposta fidelidade da mulher, mandou José para o calabouço.

Mas José sabia mesmo agradar aos superiores. Com a mesma subserviência, mansidão e astúcia com que conquistara os favores do pai e de Putifar, tornou-se o queridinho do carcereiro, que logo fez dele o preso responsável pelos outros presos.

José tinha outros dons além da adaptabilidade: inteligência e oportunismo. Interpretou os sonhos de alguns colegas de prisão, previu que um seria executado e outro libertado, e foi o que aconteceu. Se José trabalhava com informação privilegiada, se apenas deduziu o que ocorreria a partir da situação dos condenados, isso é secundário. O fato é que ele se consagrou como intérprete infalível de sonhos, e foi por essa condição que ganhou de novo a liberdade depois de alguns anos de detenção: o faraó teve um sonho estranho, que muito o havia perturbado. O preso que fora solto (segundo o vaticínio de José) contou ao rei que nas masmorras de Putifar apodrecia um homem que conhecia a linguagem dos sonhos. O faraó mandou chamá-lo e, pronto, em pouco tempo José conquistou também a confiança do monarca. A Bíblia conta que José tornou-se vizir do Egito. Foi investido desse cargo que ele acabou reencontrando os irmãos.

José agora era um homem maduro, tinha mais de trinta anos de idade. Uma severa carestia abalou Canaã e, por consequência, a família de Jacó, que mandou os filhos ao Egito em busca de víveres. Lá chegando, eles foram levados ao vizir. Depois de tantos anos, não o reconheceram.

José jogou bastante com eles, usufruiu de uma pequena vingança, mas terminou revelando sua identidade, perdoando-os, e, mais importante, mandou chamar Jacó para viver no Egito.

Os hebreus, assim, instalaram-se no Egito. Lá estavam Israel (Jacó) e seus doze filhos, os cabeças das doze tribos que formariam a nação.

Pronto. Chegamos aonde queríamos. Os hebreus se radicaram no Egito. Era a época do domínio hicso, entre 1650 e 1500 a.C. Tudo iria acontecer a partir daí.

28

Gente morta

Os antigos egípcios nunca chamaram as múmias de múmias. "Mumiyai" é palavra de origem persa incorporada ao árabe para designar uma mistura de pez e mirra, o chamado "betume da Judeia". A partir dessa substância, reduzida a pó, produzia-se um famoso remédio da Idade Média. Os persas e árabes usavam múmia para tudo, desde a cicatrização de ferimentos ao tratamento de infecções, urticária, enxaqueca e até paralisia. Era o que os gregos definiriam como panaceia.

A múmia era tão valiosa que, quando recebiam os reis ocidentais, os governantes árabes ofereciam-lhes pequenas porções do pó como presente diplomático. Tratava-se de produto raro, difícil de ser obtido. Mas, no século XII, um médico árabe concluiu que os cadáveres embalsamados dos egípcios haviam sido tratados com substâncias idênticas às que compunham a múmia persa. Como os egípcios passaram 3 mil anos embalsamando e enfaixando os seus cadáveres, eles (os cadáveres) existiam em abundância não apenas no interior das pirâmides, mas bem conservados pelas areias quentes e secas do deserto, onde não existem fungos que se alimentem da matéria morta.

Aliás, eis uma curiosidade: durante séculos, o mundo se inquietou para descobrir o que os antigos egípcios faziam para conservar tão bem as suas múmias. Heródoto teceu uma alentada descrição do processo de mumificação, cientistas analisaram as substâncias que envolviam os cadáveres com os mais modernos aparelhos da tecnologia do século XX, muito se disse e se especulou: o que, afinal, faziam os egípcios?

E a resposta é:

Nada.

A areia e o clima quente e seco do deserto eram ótimos para conservar as múmias. Às vezes, a ação dos sacerdotes egípcios até atrapalhava a conservação, como no caso da múmia de Tutancâmon. Os sacerdotes a cobriram com unguentos gordurosos que, em tese, deviam ajudar a mantê-la intacta para a vida no Além. Mas, ao contrário, as partes do corpo do faraó que se mantiveram em contato com o unguento simplesmente se incineraram durante os 3,3 mil anos em que o túmulo permaneceu intocado. Sobraram apenas o rosto e os pés, que estavam a salvo da pasta, que, depois de 33 séculos, tornara-se enegrecida e dura.

Era essa substância que envolvia as ataduras das múmias. Ou seja: essa substância era a múmia árabe. Por isso, o tal médico da Idade Média propôs que os corpos ressecados fossem pulverizados e transformados em remédio. Assim, os cadáveres dos egípcios, que nada tinham a ver com o preparado persa, passaram a ser conhecidos no Ocidente como múmias, mesmo quando se mantinham intactos e não eram comidos por ninguém.

O pó de múmia virou mania na Europa e até meados do século XIX era comprado nas boticas. O sujeito chegava sem necessidade de receita médica, apontava para um pote na estante e pedia:

– Quero uma múmia.

E, mediante certa quantia, ia embora para casa levando sua própria múmia. Isso todos, inclusive os mais ilustres.

O rei Francisco I, apelidado de "O Narigudo" porque, bem, carregava no meio do rosto um grande e batatudo nariz, era também um homem de luzes. Foi ele quem começou a construção do Louvre e convidou Leonardo da Vinci para morar na França. Pois Francisco I nunca se afastava do seu pozinho de múmia. Ingeriu múmia, ou seja, egípcios mortos, até ele próprio morrer, em meados do século XVI.

Outra consumidora fiel foi Catarina de Médici, ela também uma rainha ilustrada. Catarina era tão sofisticada que se pode dizer que a França deve a ela grande parcela da sua fama de país requintado. Foi Catarina quem levou da sua terra natal, Florença, para a terra do seu real marido, Paris, o costume de comer com talheres. Antes dela, os franceses comiam com as mãos nuas. Até as princesinhas francesas mais delicadas e alvas e magrinhas e sensuais, como são as francesas em geral e a cantorinha Alizée em particular, metiam a mão no assado na hora do jantar.

Outra façanha de Catarina, essa ainda mais relevante para a humanidade, foi a invenção da... calcinha! É que Catarina gostava muito de cavalgar, e cavalgar de verdade, não de andar de ladinho no cavalo, como faziam as moçoilas da época. O problema é que, quando ela ia montar, precisava abrir as pernas, ação que deixava expostas as intimidades reais. A fim de não ficar divertindo os súditos com o espetáculo de suas partes pudendas, Catarina bolou uma calçola para ser vestida sob a saia. As francesas viram, se admiraram e adotaram a moda. Depois, Catarina engordou tanto que, contam os cronistas da época, chegou a matar um cavalo sob seu peso. Há quem diga que a porta de uma igreja de Paris teve de ser alargada para permitir a entrada da rainha roliça. O que não é de se espantar, porque naquele tempo ninguém contava calorias, ninguém corria na esteira, como um esquilo, ninguém tomava refrigerante light. Mas, enquanto era magra e ágil, Catarina disseminou essa delicada peça do vestuário feminino, que mais tarde seria diminuída, acrescentada de rendinhas e posta em volta das suaves ilhargas de Gisele Bündchen. Da próxima vez que você vir uma calcinha pequeninha e cheirosa, recheada com bom conteúdo, pense em Catarina, em como ela foi uma mulher admirável, no tanto que devemos a ela.

Pois Catarina também se medicava com pozinho de múmia.

Tudo isso expõe a desinformação do Ocidente acerca da veneranda civilização egípcia. Foi Napoleão Bonaparte quem conquistou o Egito para a Europa. E aí explode um paradoxo: o grande general francês, em terreno militar, foi derrotado pelos ingleses no Egito. Mas, nos terrenos cultural, histórico e científico, a vitória de Napoleão é eterna, é monumental. Os soldados de Napoleão, irônica e despeitadamente, chamavam os sábios franceses de “asnos”. Mas os soldados voltaram para casa batidos e humilhados, enquanto os asnos voltaram como conquistadores.

Com sua aguçada visão histórica, Napoleão fez com que os sábios da expedição, os savants (ou “asnos”, para os soldados), perscrutassem aquela antiga civilização, registrassem tudo e levassem seus conhecimentos para o Velho Mundo, que era um mundo jovem, se comparado ao dos faraós.

Um livro em especial incendiou a imaginação europeia. Era *A descrição do Egito*, de autoria de Dominique Vivant Denon, artista que foi recomendado a Napoleão por ninguém menos do que Josefina. O grande alemão C.W. Ceram, autor do fundamental livro *Deuses, túmulos e sábios*, resume a história de Denon com graça e concisão incomparáveis:

"Sob Luís XV, ele fora intendente de uma coleção de pedrarias antigas, passando por valido de Pompadour. Em Petersburgo, fora secretário de embaixada, muito estimado por Catarina. Homem do mundo, diletante em todas as artes, cheio de malícia, desdém e espírito, era, não obstante, estimado por todo o mundo. Como diplomata junto aos Confederados, fora hóspede frequente de Voltaire e pintara o famoso 'Almoço de Ferney'. Com outro quadro, 'A adoração dos pastores', pintado à maneira de Rembrandt, conseguira entrar para a Academia. Finalmente em Florença, na atmosfera saturada de arte dos salões toscanos, recebera a notícia do advento da grande Revolução Francesa. Dirigira-se apressadamente a Paris. E o embaixador de há pouco, 'gentilhomme ordinaire', rico, independente, dum momento para outro encontrara o seu nome na lista dos emigrantes, vira seus haveres confiscados e suas propriedades sequestradas. Pobre, desprezado por muitos, vegetou em bairros pobres, alimentando-se com o produto de alguns desenhos, mandriando pelas praças; viu rolar na Place de Grève as cabeças de muitos que tinham sido seus amigos. Até que encontrou um inesperado benfeitor na pessoa de Jacques Louis David, o grande pintor da Revolução. Denon viria a gravar os desenhos de trajes de David, os quais deveriam revolucionar a moda. Por esse meio obteve a benevolência dos 'incorruptíveis' e, pondo em jogo a sua habilidade diplomática, obteve de Robespierre a restituição de seus bens e que seu nome fosse riscado da lista dos emigrantes. Travou conhecimento com a bela Josefina Beauharnais, foi apresentado a Napoleão, agradou e acompanhou-o na expedição ao Egito".

Denon desenhou tudo o que viu. O resultado foi uma obra portentosa dividida em 24 volumes caríssimos, mas, apesar disso, célebres e populares em toda a Europa. *A descrição do Egito* tornou-se um clássico e abriu os olhos do Ocidente para aquele novo velho mundo de pirâmides, esfinges, múmias e colossos. Como escreveu um dia Mario Quintana, "os livros não mudam o mundo. O que muda o mundo são as pessoas. Os livros só mudam as pessoas".

Entusiasmados com o livro de Denon , muitos europeus visitaram o Egito no século XIX. Alguns mudaram-se para lá. Houve quem roubasse antiguidades ou as destruísse no afã de levar relíquias para casa. Mas houve quem defendesse o passado. Foram europeus que reprimiram o tráfico de antiguidades e fundaram o Museu Egípcio do Cairo. O próprio Napoleão insistiu para que fossem tiradas cópias fiéis da Pedra de Rosetta, e uma dessas cópias parou sob o sábio olhar de Champollion, que só foi conhecer o Egito no fim da sua curta vida (morreu de enfarte, aos 42 anos). Os europeus fundaram uma nova ciência, a egiptologia. E foi um europeu, o inglês Howard Carter, o autor de uma das maiores descobertas da arqueologia: a tumba de Tutancâmon. Foi um feito espetacular, extraordinário, único, sobre o qual você saberá no próximo capítulo.

29

A grande descoberta

Cem anos depois de Champollion decifrar os hieróglifos sem nunca ter pisado no solo do Egito, o inglês Howard Carter, munido de pá e picareta, escavando incansavelmente na areia macia e quente do deserto, fez uma das maiores descobertas da história da arqueologia. Encontrou a tumba de Tutancâmon, uma das poucas que haviam se mantido a salvo dos ladrões de sepulturas. Não que eles não a tivessem descoberto e violado. O mausoléu de Tutancâmon foi conspurcado por pelo menos dois arrombamentos, mas, por algum motivo, os ladrões não conseguiram acessar os tesouros nem o cadáver do faraó.

Alguém pode achar que o roubo de câmaras funerárias egípcias foi um fenômeno de uma época em que o país entrou em decadência, quando os valores tradicionais não eram mais respeitados. Nada disso. Os ladrões de sepultura agiram desde sempre. Há registro documentado de uma violação em 2100 a.C., quando o rei Merikare escreveu a seu filho:

"Travaram-se combates nos cemitérios e os túmulos foram pilhados. Eu próprio o fiz".

Alguns ladrões detalharam por escrito o seu modus operandi. O relato abaixo, redigido mais de mil anos antes de Cristo, é tanto espantoso quanto esclarecedor, e não deixa de pingar um acento de cinismo quando chama as vítimas falecidas de "veneráveis":

"Pegamos os nossos utensílios de cobre e escavamos um corredor na pirâmide tumular do rei [...] descobrimos a câmara subterrânea e descemos com archotes [...] encontramos a sepultura da rainha. Abrimos os sarcófagos e os caixões nos quais repousavam e encontramos a venerável múmia do rei, armado de uma espada em forma de uma pequena foice. Numerosos amuletos e joias de ouro rodeavam-lhe o pescoço. A máscara de ouro recobria-o. A venerável múmia do rei estava inteiramente revestida de ouro. Os caixões estavam decorados com prata e ouro [...] e cobertos de todas as variedades de pedras preciosas. Arrancamos o ouro. Encontramos a rainha no mesmo estado e também arrancamos tudo. Deitamos fogo aos caixões".

Havia tanta pilhagem que alguns faraós ordenaram a remoção das múmias dos seus antecessores para locais secretos, a fim de proteger-lhes o descanso, que deveria ser eterno. Ou seja: assim como os egípcios tinham adoração reverencial pelos mortos e consideravam a morte outra etapa da existência, não hesitavam em violá-los, se enfrentassem alguma crise e precisassem de recursos. O que mostra que, em qualquer época, as necessidades materiais da vida se impõem aos valores imateriais. Que a dor física é mais forte do que a dor da alma.

O homem é um ser físico. Parece óbvio; não é. Um antigo vice-presidente dos Estados Unidos chamaria isso de uma verdade inconveniente. Porque, de certa forma, é uma verdade que reduz a dimensão da espécie humana. O homem gosta de acreditar que se move prioritariamente por valores intangíveis. Gosta de acreditar que é um ser nobre, diferente do restante dos animais do planeta por ser animado por vida espiritual.

Certo.

Agora pense no seu dedo mínimo, tão pequeno e insignificante que é chamado de "minguinho". Você nunca tece reflexões sobre o minguinho, não é? Claro que não. Você pensa todos os dias nos seus cabelos, que ajeita a mirar-se no espelho e lava com xampu restaurador e besunta com gel; você talvez se aflija com os sulcos que os anos vão lhe cavoucando nas comissuras dos lábios e dos olhos, e nessa minúscula região também aplica cremes franceses que custam cinquenta euros; você faz abdominais para enrijecer a barriga; você protege bem os pés com calçados elegantes, até porque, você sabe, a primeira peça do vestuário masculino na qual as mulheres reparam são os sapatos. Pois bem. Você está atento a todas as partes do seu corpo. Mas você nunca pensa no minguinho, nunca olha para ele, nunca dedica dez segundos do seu dia a ponderar acerca do minguinho.

Bem.

Neste momento raro em que, devido ao parágrafo acima, você está pensando no seu minguinho, suponha que ele esteja doendo. Doendo muito por conta de alguma doença de minguinhos. O que acontecerá? Você só vai pensar no minguinho. Você não conseguirá fazer mais nada direito por causa do minguinho. Os lábios em forma de coração daquela morena, as elevações da vida religiosa, os prazeres inefáveis do saber e da cultura, os euros e os dólares todos, nada disso tem importância. Só o que importa é o seu dedo minguinho, o dedo minguinho é o suserano do seu ser, o dedo minguinho é o centro do mundo.

É por isso que você precisa evitar certas temeridades físicas. Dirigir em alta velocidade, fazer ultrapassagens perigosas, praticar acrobacias inúteis, saltar de paraquedas se não for para invadir a Normandia ou porque o avião está caindo, limpar janelas de edifícios sem corda de segurança, chamar uma mulher de gorda, todas essas, e outras tantas, são ações estúpidas que podem causar mutilações. Quer dizer: que podem profanar o seu corpo, e, com isso, profanar a sua mente e acabar com a sua vida.

O homem é um ser físico.

Por mesquinhas necessidades físicas, os egípcios violaram os túmulos de seus antepassados e de seus reis mais respeitáveis.

A carne é forte, o espírito é fraco.

Mas não sejamos injustos com o povo egípcio, até porque o conceito de "povo" é abstrato. Qualquer "povo" é tão genérico e tão amplo que se torna disforme.

O povo brasileiro é cordial? Pode um povo cordial admitir que alguém seja enfiado numa pilha de pneus encharcados de gasolina para ser supliciado até a morte com fogo, como já ocorreu nos morros do Rio de Janeiro, num tipo de execução batizado debochadamente de "micro-ondas"?

O povo americano é belicista? Mas um povo belicista seria capaz de criar e promover um dos maiores movimentos pacifistas da História, como o movimento hippie?

O que se pode dizer do povo, de quaisquer povos, isto é, do homem comum e não individualizado de qualquer parte do mundo, é que todos são iguais: o "povo" é crédulo, emotivo, supersticioso e influenciável. Ou seja: tocado pelos tais valores imateriais. No caso dos egípcios e suas velhas crenças, prova-o uma célebre e compassiva passagem da história da arqueologia da qual falarei mais adiante. Por ora, vamos sublinhar que nem todos os egípcios eram profanadores de cadáveres. E talvez por isso o sepulcro de Tutancâmon tenha conseguido manter-se mais ou menos intocado através dos milênios. Quando Howard Carter o descobriu, lá estavam os tesouros com que o faraó havia sido enterrado. Foi uma das grandes façanhas da arqueologia mundial de todos os tempos. Muito do que sabemos sobre os egípcios, e, por conseguinte, sobre nós mesmos, se deve a Howard Carter.

A respeito de sua façanha imortal, Carter escreveu um pequeno livro, *A descoberta da tumba de Tut-Ankh-Amon*, à disposição em bom português, traduzido e prefaciado brilhantemente pelo brilhante Eduardo Bueno, o "Peninha". Vou reproduzir o primeiro parágrafo da introdução escrita pelo Peninha, para você se situar nessa trepidante história:

"Em 1903, Howard Carter vivia precariamente na cidade do Cairo, capital do Egito. Sem dinheiro, sem amigos e enfraquecido por uma grave doença estomacal contraída depois de anos percorrendo os recantos mais abrasivos e insalubres do Egito, sobrevivia vendendo aquarelas nas quais retratava cenas e monumentos egípcios. De temperamento irascível, por vezes explosivo, olhar ameaçador e um bigode imperioso sob o nariz acentuadamente adunco, com certeza mais parecia um personagem de Conrad ou Kipling – um drifter, um autoexilado – do que o egiptólogo erudito que era. Na verdade, quem o encontrasse perambulando por mercados repletos de gente e moscas não poderia imaginar que, vinte anos mais tarde, Carter se tornaria o arqueólogo mais famoso da História – cuja fama, até hoje, só pode ser comparada à de Heinrich Schliemann, o descobridor de

Troia, ou à de Jean-François Champollion, que decifrou os hieróglifos egípcios".

Depois de realizado, um feito se torna simples. Talvez você imagine que, para descobrir um túmulo egípcio, bastaria dirigir-se até um cemitério, ou olhar para cima e identificar uma pirâmide que se elevava ao céu, ir até lá e fazer uma rápida exploração. Só que não é assim que funciona. A partir de 1500 a.C., os egípcios pararam de erguer pirâmides e passaram a escavar os rochedos do Vale dos Reis para dentro deles construir galerias e câmaras que serviriam de sepulturas para os seus faraós.

Por que houve essa mudança?

Exatamente por causa dos ladrões de sepulturas. A fim de manter as múmias e seus tesouros a salvo dos violadores, os administradores egípcios camuflaram os túmulos das formas mais engenhosas. Esconderam-nos sob as areias do deserto e atrás de paredes de pedra. Se um arrombador descobrisse a entrada, poderia perder-se em um labirinto, ou então esbarrar em uma câmara aparentemente inconclusa que trazia, por trás de suas ruínas, outra câmara.

A propósito disso é que vou contar aquela história compassiva de que falei parágrafos atrás.

Aí vai:

No começo dos anos 80 do século XIX, um grupo de arqueólogos europeus vivia e trabalhava no Egito com o objetivo de descobrir, preservar e estudar as antiguidades do tempo dos faraós. Os europeus eram movidos pela febre da nova ciência da egiptologia, nascida da aventura dos savants de Napoleão e da descoberta de Champollion. Uma das angústias dos cientistas era o combate ao tráfico de antiguidades, prática comum dos habitantes dos lugarejos próximos ao Vale dos Reis. Seguindo a pista de um desses ladrões de sepulturas, o arqueólogo alemão Emil Brugsch-Bey fez uma descoberta tão sensacional que parece inverossímil, uma história que bem poderia virar roteiro de um filme de Indiana Jones.

O ladrão de túmulos, depois de desmascarado pelos cientistas, foi levado à presença das temíveis autoridades muçulmanas do Egito. Como tentar ludibriar temíveis autoridades muçulmanas é temível, ele acabou concordando em mostrar o local de onde subtraía as antiguidades que vendia. O cientista que o acompanhou foi, exatamente, Emil Brugsch-Bey. Na madrugada de 5 de julho de 1881, Brugsch, seu auxiliar árabe e o ladrão de túmulos encaminharam-se para o deserto. Escalaram um monte com grande dificuldade e, depois de um percurso acidentado, o ladrão apontou para uma abertura na rocha muito bem disfarçada por pedras. Aquele lugar permanecera intocado por mãos humanas durante mais de 3 mil anos. O ladrão tirou uma corda que levava enrolada nos ombros e disse a Brugsch que ele devia descer com ela pela abertura. Brugsch fez como o indicado, não sem algum temor. O que ele encontraria no escuro lá embaixo? Poderia confiar no ladrão que ficava lá em cima?

O arqueólogo desceu onze metros pela corda, chegou ao solo e acendeu uma tocha. Avançou alguns passos e, então, deparou com o inacreditável. Diante dele, dispostos em desordem, estavam ataúdes, múmias e objetos dos maiores soberanos do Egito Antigo. Ali jaziam os corpos de Amósis I, Tumés III e o próprio Ramsés II, o Grande, talvez o mais poderoso rei do Egito em todos os tempos. Ali estavam outras dezenas de múmias, quarenta ao todo, e objetos que deviam acompanhar os faraós na sua viagem para o Além.

O esconderijo havia sido descoberto seis anos antes pelo ladrão de túmulos. Durante todo esse período, ele e sua família enriqueceram vendendo com parcimônia as antiguidades tiradas do lugar. O segredo era partilhado por praticamente toda a comunidade em que vivia o ladrão. Todos se beneficiavam de alguma forma dos despojos dos faraós, num tardio arranjo de distribuição de renda entre os ricos mortos e os pobres vivos.

Brugsch emergiu do esconderijo encantado e preocupado: se deixasse as múmias no local, elas decerto seriam atacadas pelos ladrões, ansiosos por obter o derradeiro faturamento com as antiguidades. O que fazer? Tomou uma decisão rápida. Recrutou trezentos operários e, em seis dias, levou as múmias, os sarcófagos e os objetos que os circundavam para um navio, a fim de transladar tudo para o Museu do Cairo. Ocorre que, nessa semana de trabalho, a notícia da mudança dos corpos dos faraós correu entre a população das aldeias do entorno. No dia em que o navio zarpou, deu-se o inusitado: camponeses e artesãos, homens, mulheres, crianças e velhos se perfilaram nas duas margens do Nilo e acompanharam o barco rio abaixo numa procissão de desesperados. Os homens atiravam para o alto com seus revólveres e espingardas, as mulheres gritavam e choravam, esfregavam a areia do deserto nos rostos pardos, atiravam os braços para o céu azul. Todos abanavam aos prantos para seus antigos reis, que iam embora para sempre. A cena era tão triste e, ao mesmo tempo, tão poderosa, que Emil Brugsch teve de virar o rosto para não se deixar comover.

O povo também é capaz de manifestações de cunho moral e desinteressado.

Nesse mesmo Vale dos Reis, Howard Carter encontrou a múmia de Tutancâmon e seus tesouros, que se mantiveram intactos por mais de 3,3 mil anos.

O que Tutancâmon fez de tão importante para merecer a posteridade?

Por que a descoberta de seu túmulo foi tão impactante?

Você saberá no próximo capítulo.

30

Não responda o e-mail

Sei bem que você, leitor, tem coisas a fazer. Esperam-lhe e-mails que palpitam em sua caixa de correio para serem lidos e respondidos, tarefas de casa e do trabalho, impostos a pagar, filmes a ver, músicas a ouvir, pessoas com quem falar ao telefone ou cara a cara, o Facebook clama por sua atenção e também todos os blogues e sites, os fundamentais artigos e notícias de jornal, as importantes revistas especializadas e tudo mais.

Sei bem disso.

Mas vou pedir que você tenha paciência. Pedir que você invista um pouco do seu TEMPO nos parágrafos a seguir.

É sobre o que quero falar. Sobre o tempo.

Marcel Proust transformou o tempo em personagem de romance. Não qualquer romance. *Em busca do tempo perdido* é um divisor de águas da arte ocidental. O crítico literário Harold Bloom diz que Proust, James Joyce, Kafka e Freud são "os escritores essenciais do século XX".

Um homem estranho, Proust. Um autêntico filhinho da mamãe. Apreciava aquela brincadeira colegial de meninas, o "questionário", um caderno com perguntas íntimas que é passado entre os amigos e depois devolvido ao proprietário. Veja algumas questões que ele respondeu aos catorze anos de idade:

Cúmulo da miséria: estar separado de mamãe.
Ideal de felicidade terrena: viver perto de todos que amo, com os encantos da natureza, uma porção de livros e partituras, e não longe de um teatro francês.
Faltas pelas quais tem mais indulgência: a vida particular dos gênios.
Ocupação predileta: leitura, divagação, versos.

Quando ele dizia ter indulgência pela "vida particular" dos gênios, referia-se à homossexualidade dos tais gênios – por essa época, Proust já se descobrira homossexual, e decerto esperava que o mundo tivesse indulgência por sua "vida particular".

Quanto a "estar separado de mamãe" ser o cúmulo da miséria para um adolescente de catorze anos, mesmo no século XIX, isso mostra bem como Proust era afetado e dependente de "maman", como ele chamou a genitora até o fim da vida.

É que Proust sofria de asma. Isso diz muito acerca de uma pessoa. Uma crise de asma é algo assustador tanto para quem é atacado quanto para quem assiste ao ataque da doença. A pessoa fica tentando sorver o ar em desespero, arfando ruidosamente, como se estivesse nas vascas da morte. A família do asmático, temente dessas crises, em geral protege-o em excesso, cerca-o de todos os mimos. Quem é cercado por todos os mimos, bem, torna-se mimado.

Proust era um mimado.

Para sorte dele e da literatura universal, a família tinha posses e podia suprir-lhe as manhas. Proust escreveu alguns livros (um de mil páginas) até os trinta anos de idade, sem nenhum sucesso de público ou de crítica. Vivia às expensas do pai, um médico bem-conceituado.

Frequentava os salões franceses, pagava jantares suntuosos aos amigos, varava as noites em claro, ia dormir pela manhã e acordava depois do meio-dia. Quando a mãe morreu, a premência do tempo o assaltou. Proust trancou-se em um apartamento de propriedade do tio no Boulevard Haussmann, forrou-o inteiramente de cortiça para deixar os ruídos da rua na rua, muniu-se de uma pena de aço e de cadernos escolares e começou a escrever *Em busca do tempo perdido*. Levou catorze anos para encher 75 cadernos, um total de 3,5 mil páginas dividido em sete volumes.

Servia-lhe uma fiel governanta, Celeste Albaret, que, cinquenta anos depois da sua morte, aos 82 anos de idade, escreveu um livro sobre ele, *Senhor Proust*. Celeste fazia-lhe todas as vontades de menino mimado. Nas poucas vezes em que o senhor Proust saía do apartamento, ele circulava por Paris no táxi do marido de Celeste, Odilon. Quase sempre ia ao Hotel Ritz e pedia um café forte – Proust era um devoto bebedor de café.

O primeiro livro de *Em busca do tempo perdido* foi publicado pouco antes de o arquiduque Ferdinando ser assassinado e estourar a Primeira Guerra Mundial. O último foi concluído em 1922, pouco antes da formação da União Soviética. Em outubro daquele ano, Proust contraiu pneumonia. Seu estado de saúde, precário desde o nascimento, agravou-se perigosamente. Seu irmão, Robert, tentou hospitalizá-lo. Proust ficou fulo, não aceitou sair de casa. Instruiu Celeste para que não permitisse que lhe dessem injeções em nenhuma circunstância.

Em 17 de novembro, a situação era crítica. Proust trabalhou na correção das provas do livro até alta madrugada. Às dez horas da manhã, pediu a Odilon que lhe trouxesse cerveja do bar do Ritz (tinha de ser do Ritz). Logo depois, chamou Celeste, assustado. Disse-lhe ter visto, dentro do quarto, uma mulher "enorme e escura". Logo em seguida chegaram ao apartamento Robert e um médico. Alarmado, o médico decidiu aplicar-lhe uma injeção. Proust não queria, debateu-se, mas foi segurado por Celeste e Robert. O médico picou-lhe o braço e ele reclamou:

– Ah, Celeste, por quê?...

Robert, apiedado, perguntou:

– Dói?

E ele:

– Oh, sim, meu caro Robert.

E nada mais disse. Morreu como o menino mimado que era.

A obra monumental desse menino mimado é um romance sobre a tragédia do tempo. O tempo que transforma as pessoas em outras pessoas, que passa e não volta mais, o tempo que não pode ser aprisionado e que só pode ser recuperado através da arte e de eventuais investidas da memória. Não há aventura no romance de Proust. Não se pode dizer nem que haja uma trama. O leitor que decidir enfrentar os sete volumes de *Em busca do tempo perdido* terá de se abastecer de paciência, terá de compreender que o prazer da viagem é a própria viagem, e não a chegada ao destino.

Mas será que o homem do século XXI, esse homem que toma do controle remoto e, em dez minutos, zune por centenas de canais da TV a cabo que lhe ensinam a preparar berinjela no forno ou a conjugação dos verbos irregulares ou apresentam algum episódio de *Sid, o Cientista*, ou dos velhos Três Patetas, ou de *CSI*, ou de outras dezenas de séries sobre policiais, médicos, artistas, lésbicas, reis do passado e o que mais for, ou programas sobre a vida dos suricatos, ou entrevistas ilustrativas com desembargadores, juízes, advogados, jornalistas, médicos, empresários ou quaisquer outras pessoas que são famosas apenas por serem famosas, ou filmes a mancheias, ou shows musicais, esse homem que navega na internet por centenas de sites, blogues e microblogues, que recebe mensagens, torpedos e todo gênero de informações pelo celular, que, com o premer do indicador, voa por dezenas de estações de rádio, será que esse homem de vida veloz terá paciência e estofo para mergulhar numa obra como *Em busca do tempo perdido*?

Não.

Não terá.

São raros os leitores com tal desprendimento.

É por isso que agora vou pedir um pouco de paciência para você, leitor inteligente, a fim de que você sorva esta breve aragem que extraí do primeiro livro de *Em busca do tempo perdido*, *No caminho de Swann*, na tradução do poeta Mario Quintana. É um trecho fundamental para a obra. Diz algo a respeito do que quero falar mais tarde. Aí vai:

"Acho muito razoável a crença céltica de que as almas daqueles a quem perdemos se acham cativas nalgum ser inferior, num animal, um vegetal, uma coisa inanimada, efetivamente perdidas para nós até o dia, que para muitos nunca chega, em que nos sucede passar por perto da árvore, entrar na posse do objeto que lhe serve de prisão. Então elas palpitam, nos chamam, e, logo que as reconhecemos, está quebrado o encanto. Libertadas por nós, venceram a morte e voltam a viver conosco.

"É assim com o nosso passado. Trabalho perdido procurar evocá-lo, todos os esforços da nossa inteligência permanecem inúteis. Ele está oculto, fora do seu domínio e do seu alcance, nalgum objeto material (na sensação que nos daria esse objeto material) que nós nem suspeitamos. Esse objeto, só do acaso depende que o encontremos antes de morrer, ou que não o encontremos nunca.

"Muitos anos fazia que, de Combray, tudo quanto não fosse o teatro e o drama do meu deitar não mais existia para mim, quando, por um dia de inverno, ao voltar para casa, vendo minha mãe que eu tinha frio, ofereceu-me chá, coisa que era contra os meus hábitos. A princípio recusei, mas, não sei por que, terminei aceitando. Ela mandou buscar um desses bolinhos pequenos e cheios chamados madeleines e que parecem moldados na valva estriada de uma concha de São Tiago. Em breve, maquinalmente, acabrunhado por aquele triste dia e a perspectiva de mais um dia tão sombrio como o primeiro, levei aos lábios uma colherada de chá onde deixara amolecer um pedaço de madeleine. Mas no mesmo instante em que aquele gole, de envolta com as migalhas do bolo, tocou o meu paladar, estremeci, atento ao que se passava de extraordinário em mim. Invadira-me um prazer delicioso, isolado, sem noção da sua causa. Esse prazer logo me tornara indiferentes as vicissitudes da vida, inofensivos os seus desastres, ilusória a sua brevidade, tal como o faz o amor, enchendo-me de uma preciosa essência: ou antes, essa essência não estava em mim; era eu mesmo. Cessava de me sentir medíocre, contingente, mortal. De onde me teria vindo aquela poderosa alegria? Senti que estava ligada ao gosto do chá e do bolo, mas que o ultrapassava infinitamente e não devia ser da mesma natureza. De onde vinha? Que significava? Onde aprendê-la? Bebo um segundo gole em que não encontro nada de mais que no primeiro, um terceiro que me traz um pouco menos que o segundo. É tempo de parar, parece que está diminuindo a virtude da bebida. É claro que a verdade que procuro não está nela, mas em mim. A bebida a despertou, mas não a conhece, e só o que pode fazer é repetir indefinidamente, cada vez com menos força, esse mesmo testemunho que não sei interpretar e que quero tornar a solicitar-lhe daqui a um instante e encontrar intacto à minha disposição, para um esclarecimento decisivo. Deponho a taça e volto-me para o meu espírito. É a ele que compete achar a verdade. Mas como? Grave incerteza, todas as vezes em que o espírito se sente ultrapassado por si mesmo, quando ele, o explorador, é ao mesmo tempo o país obscuro a explorar e onde todo o seu equipamento de nada lhe servirá. Explorar? Não apenas explorar; criar. Está em face de qualquer coisa que ainda não existe e a que só ele pode dar realidade e fazer entrar na sua luz".

Ao sentir o sabor de uma madeleine amolecida pelo chá quente, Proust sentiu o sabor do passado. Um objeto inanimado, um pequeno biscoito, foi o suficiente para desencadear todo um processo de recuperação do tempo perdido. Como se Proust fosse um arqueólogo, porque é precisamente isso que o arqueólogo faz: busca nos objetos o tempo perdido. Nesse trabalho, o arqueólogo e o romancista também precisam de tempo. De paciência. Um arqueólogo explora um sítio com critério de artesão. Não se trata de escavação bruta. As madeleines do arqueólogo são muito frágeis, como todas as madeleines. Podem se quebrar com uma pazada canhestra, com um golpe de cinzel apressado. O arqueólogo precisa ter cuidado ao revolver as camadas de terra de um sítio, que são como camadas de memória da mente. Ele remove o entulho com carinho, ele retira cada pequeno objeto do chão, cada lasca de pedra ou osso, e observa, e examina. Seu olho é treinado. É o olho de um romancista que perscruta os sinais do passado. O que significa um dente? Um pedaço de cerâmica? O cabo de algum instrumento? Toda uma história pode estar contida no que parece lixo, no que parece ser apenas um biscoito.

O arqueólogo Howard Carter começou a sua exploração no Vale dos Reis exatamente quando o romancista Marcel Proust começou a publicação da sua grande obra. Ambos estavam perseguindo o mesmo objetivo: estavam em busca do tempo perdido. Antes de estourar a Primeira Guerra, os dois, o romancista e o arqueólogo, puseram-se a remexer no passado. Terminaram suas explorações em novembro de 1922. Depois desse longo período, Howard Carter estava às portas da tumba de Tutancâmon, e Proust pingava o ponto final no último livro do seu romance. Proust morreu no escuro do seu apartamento em Paris, Carter prosseguiu seu trabalho sob o sol do Egito. Foi uma trajetória paralela, era como se estivessem se mirando num espelho. Coincidência espantosa ou ardil do destino, seja como for, Carter e Proust lutaram contra o tempo e saíram vencedores. Ambos alcançaram a imortalidade. O título do último livro de Marcel Proust bem poderia ser o título da obra de Howard Carter:

O tempo redescoberto.

31

A Lei da Bandeira Vermelha

A chamada Grande Guerra começou e terminou, o Tratado de Versalhes foi assinado em um vagão de trem à sombra da floresta de Compiègne, o mundo ingressou numa enganosa época de paz, enquanto um antigo cabo do exército alemão alistava-se num partido chamado NSDAP. Tudo isso acontecia ao mesmo tempo em que Proust, recluso em seu apartamento, evoluía com seu livro, publicava os primeiros volumes, corrigia o que havia escrito antes, modificava, acrescentava, cortava. Já Carter, trabalhando com uma pá sob o sol do Norte da África, pouco avançava. Em 1922, seu patrocinador, o milionário lorde Carnarvon, comunicou-lhe que ia desistir da empreitada. Pudera: fazia quase uma década que Carnarvon derramava suas libras nas escavações de Carter, com resultados não muito animadores.

Lorde Carnarvon era um homem rico. Nos negócios mostrava-se prático como todos os homens de negócios; na vida particular, tratava-se de um romântico. Gostava de praticar esportes e colecionar antiguidades. Tornou-se dono do terceiro automóvel licenciado da história da Inglaterra, o que demonstra seu espírito pioneiro – os ingleses, sempre tão cautelosos, resistiram muito a aderir ao carro movido a gasolina. No século XIX, aprovaram a chamada "Lei da Bandeira Vermelha", que só permitia a circulação de um carro se fosse precedido em sessenta metros por um homem que tremulasse uma bandeira vermelha de dia e balançasse uma lanterna à noite. Para não correr nenhum risco de não ser visto pelos pedestres, o homem tinha de, ao mesmo tempo, soprar uma corneta. Mais: a velocidade do automóvel era limitada a 6,4 quilômetros por hora, que, segundo os ingleses, era o máximo que o cara da bandeira vermelha seria capaz de alcançar. Os ingleses só foram abolir a Lei da Bandeira Vermelha quando já pisavam nos portões do século XX, um tempo que, você sabe, se moveria sobre pneus.

Essa lei britânica pode ter sido pouco "progressista", digamos assim, mas ninguém haverá de acusá-la de não tentar preservar a vida humana. A Lei da Bandeira Vermelha seria o sonho dos que acreditam que andar de bicicleta faz promover o amor. Se continuasse em vigência, seriam registrados menos acidentes de trânsito e, de quebra, haveria outra profissão: a do sujeito que carregava a bandeira e soprava a corneta. Não seria lindo? Além disso, a vida de lorde Carnarvon teria outro desenlace, já que ele não teria passado por um terrível capotamento de carro numa estrada da Alemanha, como passou. Esse acidente abalou sua saúde para sempre. Em 1903, para fugir do inclemente inverno da Velha Álbion, ele se homiziou no Egito, com seu clima quente e seco. Lá, apaixonou-se pelo trabalho arqueológico, conheceu Howard Carter e decidiu financiar-lhe.

Portanto, se a Lei da Bandeira Vermelha ainda estivesse em vigência, a tumba de Tutancâmon não teria sido descoberta. Então não seria tão lindo. Melhor mesmo ficar sem a Lei da Bandeira Vermelha.

A narrativa que Carter fez da descoberta em seu livro é emocionante. Na manhã de 4 de novembro de 1922, ao mesmo tempo em que, em Paris, Proust sorvia suas duas últimas semanas de vida, Carter ficava apreensivo ao ser abalroado por um silêncio súbito nas obras de escavação no Vale dos Reis. Algo fora do comum havia acontecido. De fato, logo um trabalhador o informou de que, a apenas um metro e vinte da tumba de Ramsés VI, fora encontrado um corte íngreme em uma rocha. Era sinal inequívoco de que ali estava escondida alguma construção humana. As escavações concentraram-se febrilmente naquele ponto. No dia seguinte, o arqueólogo deparou com um degrau. Depois outro. E mais outro. Uma escadaria surgiu, uma passagem de noventa centímetros de altura e cinquenta de largura. Dezesseis degraus abaixo, finalmente, apareceu uma porta lacrada por um selo real: a porta de entrada da tumba de Tutancâmon.

Howard Carter poderia ter prosseguido nas escavações até penetrar no túmulo, mas o sentimento nobre da lealdade fez com que refreasse a ansiedade, parasse as obras e cobrisse tudo de novo com entulho até a superfície. Em seguida, ele foi à cidade e enviou um telegrama a lorde Carnarvon: "Enfim maravilhosa descoberta no Vale; tumba magnífica com selos intactos; tudo recoberto até sua chegada; felicitações".

A resposta de Carnarvon deve ter deixado o escavador doente de impaciência: "Provavelmente irei logo".

Provavelmente! E se ele se demorasse muito mais?

O segundo telegrama foi mais afirmativo: "Chegada prevista em Alexandria no dia 20".

No dia 18, Proust exalou seu último lamento em Paris e Howard Carter foi para o Cairo a fim de encontrarse com Lorde Carnarvon e fazer algumas compras. No dia 23, Carnarvon chegou a Luxor acompanhado de sua filha, Lady Evelyn Herbert. No dia 24, estavam todos diante da porta da tumba do faraó. O trabalho criterioso de remoção dos selos e do entulho durou ainda 48 horas. Era preciso ter cuidado para não danificar nenhuma preciosidade arqueológica. O 26 de novembro foi descrito por Carter como "o dia mais extraordinário que jamais vivi, e com toda a certeza jamais voltarei a viver outro igual". Carter, finalmente, abre a tumba de Tutancâmon e encontra o tempo perdido. O relato que ele fez desse momento, um dos momentos mais importantes da História como ciência, é palpitante e comovente. Leia e se emocione com o grande explorador:

"Lentamente – com uma lentidão verdadeiramente desesperadora para nós que observávamos –, os restos de escombros que encobriam a parte inferior da porta foram removidos. Por fim, ali estava diante de nós a porta inteiramente limpa. O momento decisivo havia chegado. Com as mãos trêmulas, fiz uma pequena brecha no canto superior esquerdo. A escuridão e o espaço vazio até onde meu bastão de ferro podia alcançar demonstravam que o que quer que houvesse ali não estava repleto de escombros, como a passagem que acabáramos de limpar. Acendemos algumas velas por precaução contra possíveis gases pútridos e, ampliando um pouco o buraco, enfiei uma vela e espiei lá para dentro, com Lorde Carnarvon, Lady Evelyn e Callender permanecendo ansiosamente ao meu lado para escutar meu veredicto. De início, não pude ver nada, o ar quente que escapava da câmara fazia tremeluzir a chama da vela, mas então, quando meus olhos se acostumaram com a semiobscuridade, detalhes daquela sala começaram lentamente a emergir da bruma: estranhos animais, estátuas, e ouro – por todo o lado o resplendor do ouro! Por um instante – uma eternidade deve ter parecido aos que estavam ao meu lado – permaneci mudo de assombro, e quando Lorde Carnarvon – incapaz de suportar o suspense por mais tempo – ansiosamente me inquiriu: 'Você está vendo alguma coisa?', tudo o que pude dizer foi: 'Sim, coisas maravilhosas!'"

Coisas maravilhosas.

Carter encontrou, exatamente, 5.398 coisas maravilhosas nas quatro câmaras da tumba de Tutancâmon. Cinco mil trezentas e noventa e oito coisas maravilhosas vindas diretamente de um passado de 3,3 mil anos, muitas delas refinadas obras de arte revestidas em ouro. Um tesouro tão formidável que Carter levou dez anos para fotografar, catalogar e classificar tudo o que viu.

A descoberta de Carter explodiu na imprensa mundial. Gente de todas as partes do mundo acorreu ao Vale dos Reis para visitar a tumba e ver as coisas maravilhosas que o grande arqueólogo inglês trouxera à luz. O explorador registrou que, em três meses de 1926, 12,3 mil turistas visitaram o túmulo e o laboratório em que eram analisadas as antiguidades, atrapalhando e atrasando o trabalho dos cientistas.

Agora pare.

Peço que você deixe Howard Carter no deserto do Egito por um momento e pense um pouco nos blogues, nos sites, nos twitters e outros instrumentos que tais da internet do começo do século XXI. Você já leu os comentários dos blogues, de quaisquer blogues, acerca de quaisquer posts? Ou os twitts ou coisa que o valha? Se não leu, leia. Você se espantará com a estupidez humana. Não interessa o conteúdo do texto lido por quem comenta, o comentador pode chegar a todo tipo de interpretação. Algumas (raras) inteligentes e sensatas; a imensa maioria absurda e obtusa, que em geral não tem nada a ver com o que foi escrito. Você lerá os comentários e se perguntará: como as pessoas chegaram a essas conclusões? O que está acontecendo com elas? Você entenderá que o grande mal do mundo não é a miséria nem a guerra: é a interpretação de texto. É a deficiente capacidade de raciocínio do autodenominado homo sapiens.

Eis uma das obras mais admiráveis da internet: a exposição do lado sombrio do homem comum. Com a internet, as pessoas estão desprotegidas de suas próprias opiniões. Elas tornam público o que pensam sem nenhum filtro, nem mesmo o da própria reflexão. Antes do advento da internet, não eram muitas as pessoas vitimadas pelas opiniões. Expunham-se alguns jornalistas, alguns artistas e algumas "autoridades". O mundo parecia mais sensato. Não pela qualidade; pela quantidade. Mas a tecnologia das comunicações foi se sofisticando. No fim do século XX, com a facilidade da interatividade, leitores não apenas liam, escreviam; ouvintes não se contentavam em ouvir, queriam falar; telespectadores não se limitavam a assistir, faziam tudo para aparecer. E, por fim, a internet surgiu e todos passaram a falar, a escrever, a dançar, a cantar, a declamar, a discursar, a representar e a propagar suas ideias em público. Todos têm ideias. Uma tragédia. Assim, o mundo do século XXI parece ter se transformado num lugar infestado de idiotas. Ilusão. Injustiça para com o mundo do século XXI. O mundo não se transformou num lugar infestado de idiotas. O mundo sempre foi assim. A diferença é que antes as pessoas estavam protegidas pelo silêncio.

O silêncio é uma bênção. É simples demonstrar a verdade dessa afirmação. Faça um teste: se você quiser parecer inteligente e profundo, fique quieto.

Certo.

Agora voltemos a Howard Carter nos anos 20 do século XX. Ele descobriu a tumba de Tutancâmon intacta, e sua façanha causou excitação em todo o planeta. Como você sabe hoje, depois da internet, as pessoas sentem necessidade extrema de se expressar. Então, o chamado "homem comum", sem conhecimento sobre o que ocorria nas areias do Vale dos Reis, passou a se expressar a respeito. Passou a emitir sua opinião sobre o achado de Howard Carter. O que se viu na época foi o que se vê hoje ao navegar-se na internet. As pessoas começaram a enviar cartas para Carter. Alguns teciam elogios, alguns se propunham a ajudar, outros criticavam, muitos faziam acusações. Houve quem esbravejasse contra a "profanação" do descanso eterno do faraó. Houve quem pedisse patente para uso das modas de vestuário do túmulo. Carter ficou pasmo, como fica pasmo quem lê o que se escreve em comentários de blogues ou em twitters.

– Que ideia se pode fazer de um homem que pergunta seriamente se a descoberta do túmulo lançou alguma luz sobre o propalado horror do Congo Belga? – perguntou-se, atônito, Howard Carter.

Se Carter conhecesse a internet não ficaria tão surpreso.

Mas o pior ainda estava por vir. Os mistérios de um passado de 33 séculos açularam a imaginação de jornalistas e populares, e logo a superstição e sua tradicional aliada, a ignorância, fizeram o seu trabalho. Em pouco tempo corria pelo mundo a história da Maldição de Tutancâmon.

Tudo começou quando Howard Carter e Carnarvon, não suportando mais o assédio de turistas e jornalistas, anunciaram o fechamento temporário da tumba à visitação pública. Isso aconteceu em fevereiro de 1923. Alguns dias depois, lorde Carnarvon foi picado no rosto por um mosquito. O ferimento infeccionou e inchou. Ao se barbear, ele cortou o local, inadvertidamente. O corte provocou uma inflamação, que evoluiu para erisipela. Em alguns dias, o quadro inflamatório se agravou perigosamente até tornar-se uma septicemia. Com a imunidade baixa, Carnarvon contraiu pneumonia. A penicilina só seria descoberta por Alexander Fleming cinco anos mais tarde, e só na Segunda Guerra Mundial seria desenvolvida. Logo, no começo dos anos 20 as bactérias viviam em paz. E matavam em paz. À 1h55 de 6 de abril de 1923, lorde Carnarvon morreu num hotel do Cairo. A lenda reza que, ao expirar, Carnarvon balbuciou o nome de Tutancâmon e, a seguir, sussurrou:

– Entendi o seu chamado... Eu o seguirei...

Naquele exato instante, todas as luzes da cidade teriam se apagado e, do outro lado do oceano, em Hampshire, o cão de Carnarvon começou a uivar enraivecido e não parou mais, até morrer.

Isso reza a lenda, mas a lenda foi publicada nos jornais e transformou-se em realidade.

A partir daí, criou-se o mito da Maldição de Tutancâmon. As histórias tenebrosas passaram a se reproduzir. Contava-se que, no mesmo dia da descoberta, quando o último homem emergiu da tumba, uma tempestade de areia levantou-se do chão e remoinhou sobre a entrada do túmulo, pressaga e ameaçadora, enquanto um falcão, o símbolo dos faraós, voava para oeste, onde os egípcios acreditavam que se localizava o mundo dos mortos. A partir desse evento sinistro, a desgraça se abateu sobre os homens que haviam profanado o repouso do faraó, e também sobre alguns visitantes ilustres. Um deles, o bilionário americano Jay Gould, que morreu meses depois de visitar a tumba. Nos anos subsequentes, os sempre palpitantes jornais ingleses chegaram a um total de 25 mortos entre os incautos que, por profissão ou diletantismo, invadiram o túmulo do faraó. A cada morto, o mundo estremecia: "Mais uma vítima da maldição!".

Bobagem. O fato é que as pessoas morrem. Inevitavelmente. Inexoravelmente. Assim, inevitável e inexoravelmente, todos os que entraram, passaram por perto ou jamais viram o túmulo de Tutancâmon morreriam. E morreram. As pessoas continuam a morrer em toda parte, e não por causa de qualquer maldição, mas porque tudo na vida nasce, cresce, definha e morre.

Nunca existiu na porta de entrada da tumba a frase terrível que os jornais apregoavam ter sido escrita pelos sacerdotes poderosos de Tutancâmon: "A morte tocará com suas asas aquele que profanar o sono do faraó". Não havia frase com esse teor, nem nada parecido. E o próprio Howard Carter, o grande violador do sono do faraó, viveu muito bem para prosseguir seu trabalho e só encontrou a morte dezessete anos depois da descoberta, às portas da Segunda Guerra Mundial.

Tutancâmon nem foi um faraó tão poderoso assim para merecer a proteção de uma mágica especial dos sacerdotes. Ele não podia ser comparado, por exemplo, a Ramsés II, o Grande, ou a Quéops, o construtor da Grande

Pirâmide. A maior obra de Tutancâmon foi a restauração da religião histórica dos egípcios, a religião do deus Amon.

Como ficou demonstrado páginas atrás, a religião era fundamental para a solidez do regime político do Egito. O Estado precisava ser forte para coordenar o trabalho comunitário de controle da natureza, resumido no aproveitamento das cheias do Nilo, na abertura de canais de irrigação, no estoque de alimentos para os períodos em que o rio não desbordava do seu leito (o que acontecia mais ou menos de dez em dez anos). Para que o Estado fosse forte, era preciso haver poder centralizado; para que houvesse poder centralizado, era preciso haver um governante centralizador; para que o poder desse governante centralizador não fosse contestado, ele tinha de ser visto como um ser intocável, um santo, um deus. Esse era o faraó. O faraó era um deus. Logo, a religião e a política, como sói acontecer, andavam unidas e bem associadas.

Uma prova eloquente da importância da religião para o poder político foi dada pela ação da primeira grande mulher da História, a rainha Hatshepsut.

32

Mulheres!

Dilma Rousseff, Margaret Thatcher, Evita Perón e todas as mulheres que um dia assumiram o poder máximo em seus países jamais conseguiram se igualar às façanhas da Primeira Grande Mulher da História. Maatkare Hatshepsut fez mais do que suplantar o poder dos homens quinze séculos antes de Cristo e 3,5 mil anos antes de Angela Merkel.

Hatshepsut suplantou o próprio sexo.

A governante que mais se aproximou de Hatshepsut talvez tenha sido Elizabeth I, filha de Henrique VIII e da decapitada Ana Bolena, meia-irmã da Bloody Mary. No século XVI, Elizabeth também teve de se bater contra sua condição de mulher, e o fez com bom sucesso. Mas há uma diferença importante entre as duas rainhas. Elizabeth, para se manter solteira e sozinha no trono, autodenominou-se "Rainha Virgem", e em homenagem a esse título duvidoso existe até um estado incrustado bem ao leste dos Estados Unidos. Quer dizer: Elizabeth como que se castrou, suprimiu o próprio sexo. Hatshepsut foi mais radical. Hatshepsut mudou de sexo. Era rainha, tornou-se rei.

Hatshepsut era filha do faraó Tutmósis com a Magnífica Esposa Real, Amósis Nefertari. O rei, no entanto, tinha outras esposas que não eram Magníficas. Uma delas, Mutnofret, deu-lhe um filho homem, que o faraó chamou de Tutmósis II. O incesto entre a nobreza era prática comum no Egito, como forma de manter o poder nos limites da família real. Assim, Tutmósis II casou-se com sua meia-irmã, a nossa Hatshepsut. Quando o velho Tutmósis "descansou da vida", como diziam os egípcios, Tutmósis II foi elevado ao trono. E Hatshepsut transformou-se em Magnífica Esposa Real.

Hatshepsut era uma mulher tão habilidosa que, em algum tempo, seu meio-irmão e marido içou-a ao poder supremo. Ela exercia o mando junto com Tutmósis II. A exemplo da mãe dela, no entanto, Hatshepsut não concebeu filho homem. Teve apenas uma menina, que, naturalmente, não poderia herdar o trono. Quem deu a Tutmósis II um menino foi uma esposa secundária, Ísis. Esse bebê recebeu o nome de Tutmósis III. Era ele, portanto, o herdeiro do reino.

Aos trinta anos de idade, Tutmósis II morreu. Tutmósis III devia ser coroado, mas tinha apenas seis anos de idade. Hatshepsut assumiu como regente. Até aí, nada de novo. Não havia escândalo em uma mulher governar como regente. Só que o tempo foi passando, o enteado de Hatshepsut foi crescendo, e nada de ela lhe transferir a coroa.

Quase dez anos haviam se passado, Tutmósis III já podia assumir o poder, mas Hatshepsut continuava inabalável na regência. Na verdade, ela detinha mais do que a regência: detinha o mando absoluto do reino, que, àquela época, já era um império respeitável.

Os sacerdotes, então, decidiram agir. Diante da indiferença da rainha, espalharam uma história espantosa: durante uma cerimônia em Carnac, enquanto a estátua de Amon era carregada, de repente o deus se despegou do andor e flutuou pelo salão. Sacerdotes e alunos do templo observaram a cena boquiabertos. Um dos alunos era, justamente, Tutmósis III. Pois a estátua voadora foi aterrissar diante do príncipe, que, piedoso, se ajoelhou. Mas Amon, com sua voz de trovão, ordenou que o jovem Tutmósis se erguesse e o levou até o trono, onde determinou que se assentasse. Só o legítimo rei poderia sentar-se no trono.

Tratava-se de um sinal evidente de que o deus queria que o menino fosse empossado faraó. Hatshepsut não contestou o milagre. Simplesmente contornou-o divulgando a história de outro milagre, este relacionado à sua descendência. O relato está inscrito nas paredes do formidável Templo de Deir-el-Bahari, construído por ela. Trata-se de uma joia engastada nas escarpas de um monte do deserto de Luxor, um dos mais belos símbolos do Antigo Egito e dos mais atraentes pontos de turismo do novo Egito. Hatshepsut ordenou e lá está gravado, para a sua glória eterna, que o deus Amon em pessoa havia tomado as aparências do antigo faraó Tutmósis I para seduzir a mãe de Hatshepsut, Amósis, que "despertou com o divino perfume e sorriu para Sua Majestade. E eis que ele colocou-se a seu lado e desejou possuí-la, enquanto o palácio estava tomado por todos os perfumes de Punt. Ela deixou-se possuir e beijou-o depois que a Majestade do Deus Amon fez tudo o que desejava". Depois, o deus informou a Amósis que ela conceberia uma menina e determinou: "Hatshepsut será o nome desta minha filha, ela será uma excelente rainha para todo o seu povo".

Hatshepsut trocou a fidelidade conjugal da mãe por uma descendência divina. Funcionou. Ela passou a comandar o Egito como um rei. Apresentava-se nas cerimônias públicas com uma barba postiça e assim foi representada em suas estátuas. Não era mais uma rainha; era O faraó.

Como todo grande líder, Hatshepsut sabia se cercar de gente competente e delegar tarefas. Para controlar os plausíveis focos de rebeldia dos sacerdotes, colocou-lhes em cima o vizir Hapuseneb, que acumulou as funções de chefia da administração do Estado e da religião. Para a construção de templos e monumentos, na qual foi pródiga, a abertura de canais, no que foi inovadora, e as indispensáveis tarefas de cama, onde foi discreta, seu maior associado foi Senmut, arquiteto imaginoso e amante vigoroso.

Hatshepsut governou feliz por 21 anos. Sua façanha só foi possível graças à compreensão que tinha da importância da religião para o poder político no Egito. Se ela tivesse enfrentado abertamente os sacerdotes, talvez não conseguisse sobreviver à maioridade do seu enteado, que estava compreensivelmente ansioso para governar.

Tão ansioso estava Tutmósis III que, quando enfim tomou o poder, fez o possível para varrer o nome de Hatshepsut da História. Mandou quebrar todas as suas estátuas e raspar o nome dela das inscrições de paredes e monumentos. Pobre Hatshepsut. Parece que sabia o que lhe reservava o futuro. Quando ainda era poderosa e bela, mandou gravar em um obelisco uma inquietação da sua alma de mulher vaidosa:

"Meu coração palpita de preocupação só de pensar no que dirão as futuras gerações. Aqueles que hão de ver meus monumentos nos anos vindouros e tecer comentários sobre meus feitos".

Pois Hatshepsut atravessou as vagas de milênios esquecida pelo mundo. Em 1903, Howard Carter, sempre ele, encontrou o sarcófago da rainha no Vale dos Reis, mas não sua múmia. Em 1989, o egiptólogo americano Donald Ryan decidiu fazer novas explorações no já tão explorado vale.

Descobriu a abertura de uma pequena tumba. Para animar o trabalho de escavá-la, pôs para tocar, no gravador portátil, a *Sonata patética*, de Beethoven. Ao som do piano do gênio alemão, o arqueólogo penetrou no túmulo perdido.

"Era assustador", contou depois. "Eu nunca tinha encontrado uma múmia antes. Havia uma mulher deitada no chão. Deus do céu!"

Ryan achou que podia ser Hatshepsut, mas não havia provas. Em 2005, o arqueólogo-chefe do Egito, Zahi Zawass, reuniu uma equipe de cientistas para eliminar de vez as dúvidas de séculos e séculos sobre a grande rainha. Examinou a múmia com tomógrafos, fez testes de DNA, usou todas as ferramentas da ciência à disposição. Após quase três anos de pesquisas, nada ficara comprovado. Então Zawass teve um lampejo. Lembrou-se que, tempos atrás, fora descoberta uma caixa de madeira no Templo de Deir-el-Bahari. Na tampa dessa caixa estava inscrito o nome de Hatshepsut em hieróglifos. Dentro da caixa havia um dente. O dente da rainha. Zawass correu para comparar o dente, um molar, com a boca da múmia encontrada por Ryan.

Era isso.

O dente combinava com uma falha na boca da múmia. Segundo uma reportagem da revista *National Geographic* de abril de 2009, os arqueólogos não tinham toda a certeza de que aquela era Hatshepsut. Mas tinham QUASE TODA a certeza. Se for, a rainha morreu por causa de uma infecção gerada por um abscesso num dente, complicada por um câncer ósseo avançado e diabetes. E, ironia, morreu gordinha. O que não deixa de ser um fim deprimente para uma mulher tão vaidosa quanto a Primeira Grande Mulher da História.

33

O imperialista

Depois de tanto tempo de espera, Tutmósis III estava ansioso por ação.

Agiu.

Ao contrário de sua madrasta, uma rainha ardilosa, porém pacífica, ele partiu para a guerra franca, empreendimento em que teve bom sucesso: conquistou territórios, submeteu estrangeiros e formou um vasto império. Federico Arborio Mella, italiano que no século XX escreveu o excelente *O Egito dos Faraós*, comparou o império construído por Tutmósis III ao "Commonwealth" britânico do século XIX. Isto é: as colônias gozavam de autonomia, mantinham seus próprios governantes, seus costumes e sua religião. Não eram exatamente colônias, portanto. As obrigações que deviam ao conquistador se limitavam ao pagamento de tributos e à ajuda militar em caso de guerra.

Tutmósis III foi um grande faraó, um dos maiores da história de 3 mil anos do Egito dos Faraós. Seu feito é importantíssimo para a história do Ocidente. Porque ele mudou a forma de pensar dos egípcios. Afinal, quando um povo se torna imperialista, muita coisa muda na sua vida material, mas o que mais muda é a sua vida intelectual. Um povo imperialista vê o mundo com olhos diferentes de quem vive tão somente a realidade provinciana. Um povo imperialista vê o mundo como seu arrabalde.

O imperialista, naturalmente, considera a sua cultura, a sua religião e o seu modo de vida superiores aos dos demais inquilinos do planeta. O imperialista quer que as outras pessoas vivam como ele e, em geral, despreza o que é diferente. Os egípcios sempre se acharam superiores aos estrangeiros, mas, agora, tornados imperialistas, eles sentiam novas necessidades. Sentiam-se quase que na obrigação de oferecer ao império um modelo de existência uno e abrangente. E como a religião sempre foi o centro da vida egípcia, alguma mudança haveria de ocorrer também nessa esfera.

Ora, a religião egípcia era politeísta. Rá era o principal deus de Heliópolis, Ptah era o de Mênfis e Amon, o da capital Tebas, mas em torno de cada um desses adejava um séquito imenso de deuses, cerca de 3 mil deles, um para cada localidade, bicho ou manifestação climática, deuses para a vaca, para o crocodilo, para o sol, para a lua, deuses com corpo de gente e cabeça de bicho ou corpo de bicho e cabeça de gente. Deuses a quilo. Mas um império que, como todos os impérios, ansiava pelo domínio total sobre a comunidade dos homens, clamava por um deus que tivesse domínio total sobre o coração dos homens, e talvez tenha sido essa ânsia que motivou um homem especial, um revolucionário único, o personagem que mudou a história do Ocidente.

Akhenaton.

Akhenaton descendia dessa luminosa linhagem de faraós da Décima Oitava Dinastia. Ele chegou ao poder pelo seguinte caminho: Tutmósis III foi sucedido por Amenófis II, outro conquistador. O imperialismo já exercera seus efeitos sobre Amenófis II. Um homem, quando domina os outros homens, vai se transformando rapidamente em tirano. A satisfação em exercer a tirania já seduzira Amenófis II e ele passara a novo estágio: tornara-se cruel. Ao enfrentar uma rebelião, capturou sete príncipes revoltosos e os amarrou à proa do seu navio, que navegou pelo Nilo até Tebas. Depois, sacrificou seis deles a Amon e mandou enforcar o sétimo nos muros da cidade. Amenófis II orgulhava-se de sua força física. Espalhou para a posteridade universal, em forma de hieróglifos gravados na pedra, que ninguém era capaz de vergar o seu arco. Talvez Homero tenha se inspirado nessa lenda quando contou a história do regresso de Ulisses a Ítaca e à sua amada Penélope. Está no final da *Odisseia*: depois de vinte anos de ausência e aventuras literalmente homéricas, Ulisses, ou Odisseu, chegou à ilha disfarçado de mendigo. Constatou que, devido ao seu longo afastamento, era tido como morto. Assim, havia inúmeros pretendentes ao leito da rainha em tese viúva e, consequentemente, à coroa em tese vaga. Mas Penélope, a rainha, depois de duas décadas de subterfúgios, decidiu, enfim, que só se casaria com quem conseguisse curvar o grande arco do marido. O canto 245 relata a frustração de Eurímaco ao não cumprir a tarefa. Leia na tradução de Donaldo Schüler:

> "O arco estava nas mãos de Eurímaco. Girando-o,
> ele o aquecia ao fogo de todos os lados. Nem assim
> conseguiu vergá-lo, golpe severo no seu orgulho.
> O ódio dificultava-lhe exprimir o que sentia.
> 'Céus, sofro por mim mesmo, sofro por todos.
> Minha decepção é mais profunda que o perdido
> matrimônio. Mulheres há muitas, tanto nesta
> ilha como nas outras cidades. Nossa força não
> alcança o vigor do divino Odisseu. Isso me
> amargura. Ninguém de nós consegue vergar este
> arco. Como legar esta vergonha aos nossos filhos?'"

O próprio Odisseu, travestido de mendigo, vergou o arco, como se sabe, e ele e Penélope, felizes e enamorados, voltaram a se unir em Ítaca.

Isso foi escrito cerca de quinhentos anos depois da bravata de Amenófis II acerca de seu próprio arco. Logo, não é impossível que Homero houvesse se abeberado na fonte egípcia de boas lendas.

Após Amenófis II reinou Tutmósis IV, cercado de pompa e luxo, que são outros corolários do imperialismo. Seu sucessor foi Amenófis III, que se dedicou a construções monumentais, como o Templo de Luxor.

Entre os portentos da arquitetura erguidos pelo faraó, destacava-se outro templo gigantesco a oeste de Tebas. Era talvez o maior edifício da Antiguidade, mas dele nada restou, exceto duas estátuas de dezoito metros de altura e setecentas toneladas de peso cada uma. Essas estátuas espetaculares foram chamadas pelos gregos de Colossos de Mêmnon e se converteram num dos mais trepidantes mistérios do mundo antigo. Não por acaso, e sim porque uma delas cantou durante dois séculos.

Isso mesmo: uma dessas estátuas grandiosas, sentada com majestade eterna no local onde havia sido plantada a velha capital egípcia, mais tarde destruída por Alexandre Magno, uma dessas estátuas entoava um canto lamentoso a cada alvorecer. Para os gregos, ela era Mêmnon petrificado. E, para falar sobre Mêmnon, temos que voltar ao colo de Homero.

Esse Mêmnon foi rei da Etiópia. No fim da Guerra de Troia, ele se aliou a Príamo, que resistia na cidade sitiada pelos gregos. Tratava-se de um guerreiro poderoso, que fez seu nome no campo de batalha, mas pereceu "sob a destra do invicto Aquiles", segundo um autor pós-homérico.

Acontece que a mãe de Mêmnon era ninguém menos que a Aurora. Assim, quando os gregos viram com espanto a estátua cantando ao amanhecer, logo a associaram ao rei e à sua mãe divina. Para eles, Aurora vinha beijar o filho com meiguice a cada nascer do sol e ele cantava em homenagem ao carinho da mãe.

A história fantástica, unida à música melancólica que saía diariamente do enorme bloco de pedra, encantou o mundo antigo. Turistas de toda parte iam ver o monumento, ouviam-no cantar e nele inscreviam seus nomes. Um desses antepassados dos grafiteiros foi o imperador Adriano, que visitou o Egito por volta do ano 100 e voltou para Roma maravilhado com o milagre.

Tudo muito lindo. Mas a realidade não é exatamente assim. A estátua de fato "cantava", mas não era uma canção de saudação à deusa Aurora. É que, em 27 a.C., um terremoto mutilou a escultura, escavando-lhe uma pequena fenda. O orvalho da noite penetrava nesse espaço e, de manhã, o sol o aquecia e fazia a pedra se dilatar. A dilatação e a evaporação provocavam o som que os gregos diziam ser o "canto" do rei morto em homenagem à sua mãe divina.

No século II, o imperador romano Séptimo Severo ordenou uma restauração das estátuas, a brecha aberta pelo terremoto foi fechada, e o Colosso se calou para sempre. Fim do mistério. Que pena. O mundo é mais divertido com mistérios.

Amenófis morreu por volta de 1367 a.C., quando subiu ao trono o personagem mais importante dessa história, Amenófis IV, o futuro Akhenaton.

34

O fim do começo

Akhenaton nasceu Amenófis IV. Federico Arborio Mella considera-o "o primeiro intelectual da humanidade". Sua atuação como faraó é única em 3 mil anos de história. Seus dezessete anos de governo foram tão revolucionários que os pósteros escreveram mais de 2 mil livros sobre esse período, ainda que faça parte de um tempo tão remoto.

Akhenaton não foi um rei guerreiro, como seus antepassados. Ao contrário, questões políticas o aborreciam. Aos poucos, foi abandonando os negócios internacionais e ignorando as gestões dos reinos associados, a ponto de muitas províncias se revoltarem e o império egípcio ver-se seriamente ameaçado.

O que interessava a Akhenaton era a poesia e, sobretudo, a religião. Era devoto de Aton, o círculo solar. Donde o nome que assumiu: Akhenaton significa "Aton está satisfeito". Mas Akhenaton não se contentou em elevar Aton, até então uma divindade secundária, à primeira divisão da vida espiritual egípcia. Akhenaton fez muito mais do que isso: transformou Aton em deus ÚNICO. E, o que foi espetacularmente inovador, transformou-o em deus de TODA a humanidade.

Akhenaton foi o inventor do monoteísmo.

Para consolidar sua religião e banir as demais, Akhenaton levantou uma nova cidade em três anos e chamou-a de Akhetaton, ou "Cidade do Horizonte de Aton". Trata-se da atual Tell-el-Amarna. Para lá, o faraó transferiu a capital do reino e o centro do culto a Aton. Instou os sacerdotes e os homens do povo a abandonar as antigas heresias e, como sói acontecer com todos os reformadores, exilou os renitentes.

Akhenaton mudou até as artes plásticas. Antes dele, os faraós e os nobres eram representados em linhas duras e retas como homens poderosos. Agora, as linhas curvas eram valorizadas. Akhenaton surge nas pinturas e desenhos como um homem de feições afeminadas, delicado, de ventre abaulado. Os artistas tiveram a liberdade de mostrar o faraó em ternas cenas familiares, sempre ao lado da sua bela esposa, a célebre Nefertiti, e mais um punhado de filhas. Ele brinca com as crianças, ele acaricia a mulher, ele parece um homem de verdade, não um deus.

O professor Ernst Gombrich escreveu um livro fundamental, *A história da arte*, obra de leitura obrigatória para qualquer um que se interesse minimamente por artes plásticas. Bem. Nesse livro formidável, Gombrich cita a revolução plástica promovida por Akhenaton, o que dá a medida da importância do faraó também nessa esfera. Escreveu assim o professor:

"As pinturas que ele encomendou devem ter chocado os egípcios do seu tempo pela novidade. Em nenhuma delas se encontrava a solene e rígida dignidade dos faraós anteriores. Preferiu fazer-se representar com sua esposa Nefertiti acariciando os filhos sob as bênçãos do sol. Alguns dos seus retratos mostram-no como um homem feio; talvez ele quisesse que os artistas o retratassem em toda a sua fragilidade humana, ou, quem sabe, profundamente convencido de sua importância ímpar como profeta, insistisse numa semelhança fiel".

Akhenaton compôs lindos hinos em louvor a Aton. São peças harmônicas e suaves, só comparáveis aos salmos do rei David, que viveu mais de trezentos anos depois da aventura amarniana. Vou reproduzir um dos poemas integralmente, na tradução de Jaime Pinsky, para você comprovar a inovadora ideia monoteísta desse rei e se cevar da poesia dos versos, uma beleza que continua fresca mesmo tendo mais de 3 mil anos de idade:

> Amanheces formoso no horizonte celeste.
> Tu, vivente Aton, princípio da vida!
> Quando surgiste no horizonte do oriente
> Inundaste toda a terra com tua beleza.
> És belo, grande, resplandecente e sublime sobre toda a terra;
> Teus raios invadem a terra até o limite de tudo o que fizeste:
> Sendo Ré, alcanças o fim delas,
> Subjuga-as para teu filho predileto.
> Embora estejas longe, teus raios estão na terra;
> Embora toques as faces dos homens, ninguém conhece o teu destino.
> Quando adormeces no horizonte ocidental,
> A terra escurece, como se estivesse morta.
> Eles dormem num quarto, as cabeças cobertas,
> Os olhares não se cruzam.
> Todas as riquezas que se encontram ao seu redor poderiam ser roubadas.
> E eles nem o notariam.
> Cada leão sai do seu covil;
> Tudo o que rasteja, pica.
> A escuridão é uma mortalha e a terra repousa no silêncio.

Porque ele que os fez descansa no horizonte.
Ao amanhecer, quando despontas no horizonte,
Quando fulguras como Aton-do-dia,
Expulsas a escuridão e ofereces teus raios.
As Duas Terras estão em festa todo o dia,
Acordadas e de pé
Porque tu as levantaste.
Lavando seus corpos, vestindo-as.
Seus braços erguem-se em louvor à sua presença.
Todo o mundo faz sua tarefa.
Todos os animais estão satisfeitos com suas pastagens;
Árvores e plantas florescem.
Os pássaros que voam de seus ninhos
Têm as asas abertas em louvor ao seu Ka.
Todos os animais saltam sobre seus pés.
Tudo que voa e brilha,
Vive quando surgiste para eles.
Os navios viajam para o norte e para o sul,
Pois todo caminho se abre à tua presença.
O peixe no rio lança-se perante tua face;
Teus raios estão no meio do grande oceano verde.
Criador da semente nas mulheres,
Tu que transformas o fluido em homem,
Que manténs o filho no ventre materno,
Que o acalmas com aquilo que cessa seu pranto,
Que o acaricias mesmo no útero,
Que sustentas com teu sopro tudo o que ele fez!
Quando ele sai do ventre e passa a respirar
No dia em que nasce,
Tu lhe abres a boca completamente,
Supre suas necessidades.
Quando o pintinho, no ovo, fala de dentro da casca,
Tu lhe dás respiração para mantê-lo.

Quando terminaste sua estrutura, dentro do ovo,
para quebrá-lo,
Ele surge do ovo para falar, terminado o prazo;
Caminha com seus próprios pés, quando sai dali.
Como são múltiplas as coisas que fizeste!
Estão ocultas da face do homem.
O Deus único, nenhum outro se te iguala!
Tu próprio criaste o mundo de acordo com tua vontade,
Enquanto ainda estavas só:
Todos os homens, gado e animais selvagens
Tudo que na terra caminha sobre seus próprios pés,
E o que fica nas alturas, voando por suas próprias asas.
Nas terras da Síria e Núbia e a terra do Egito,
Colocaste cada homem em seu lugar,
Supriste suas necessidades:
Cada um tem seu sustento e seu tempo de vida é calculado.
Estão separados por seus idiomas,
Assim como por suas naturezas;
Suas peles são distintas,
Porque distinguiste os povos estrangeiros.
Fizeste o Nilo abaixo do solo,
Trouxeste-o à luz, quando o desejaste,
Para alimentar o povo do Egito
Conforme o fizeste especialmente para ti,
O Senhor de todos, cansando-se com eles,
O Aton-do-dia, gloriosa Majestade.
Em todas as terras estrangeiras distantes tu manténs
a vida,
Já que colocaste um Nilo no céu,
Para que desça em benefício deles e erga ondas nas
montanhas,

Como o grande oceano verde,
Para irrigar seus campos nas aldeias.
Quão efetivos são teus planos, Ó Senhor da eternidade!
O Nilo no céu é destinado aos povos estrangeiros
E os animais de todos os desertos, que caminham sobre seus próprios pés;
Enquanto que o verdadeiro Nilo surge do subterrâneo para o Egito.
Teus raios alimentam cada prado.
Quando surges, eles vivem, crescendo para ti.
Tu fazes as estações a fim de cultivar tudo o que fizeste,
O inverno para refrescá-los,
O calor para que te sintam a ti.
Fizeste o céu distante para ali te elevar,
E para abarcar tudo o que fizeste.
No tempo em que estavas só,
Surgindo na tua forma Aton vivente,
Aparecendo, brilhando, recuando ou aproximando,
Criaste milhões de formas para tua presença.
Cidades, aldeias, campos, estrada e rio
Cada olho te enxerga à sua frente,
Porque és o Aton-do-dia sobre a terra...
Estás no meu coração,
E nenhum outro conhece a ti
Exceto teu filho, Nefer-Kheperu-Re Wa-Em-Ré,
Porque o fizeste ciente de teus planos e de tua força.
O mundo tornou-se realidade através de tuas mãos,
De acordo com o que fizeste,
Quando surges, eles vivem,
Quando te pões, eles morrem.
Tu és o tempo de vida,
Pois só se vive através de ti.
Os olhos fixam a beleza até que te pões.

Todo o trabalho é abandonado quando te pões no
ocidente.
Mas quando despontas novamente,
Tudo é feito para florescer para o rei...
Uma vez que fundaste a terra para teu filho
Que saiu do teu corpo,
O rei do Alto e Baixo Egito, Akhenaton,
E a grande mulher do rei, Nefertiti,
Em vida e juventude, para todo o sempre.

Esse poema encantador, além de demonstrar o talento literário de Akhenaton, deixa claro o perfil do novo deus. Aton é "o Deus único" e rege a vida de todos os seres respirantes: "Todos os homens, gado e animais selvagens, tudo que na terra caminha sobre seus próprios pés e o que fica nas alturas voando com suas próprias asas". Aton é o deus de "todas as terras estrangeiras", não apenas do Egito.

Foi essa ideia monoteísta que Moisés levou ao povo hebreu. Agora estamos alcançando o epílogo desse decisivo capítulo da história da humanidade. Um fim que, na verdade, é o começo de tudo.

A Bíblia situa o Êxodo provavelmente no reinado de Ramsés II, o Grande, que nasceu cerca de sessenta anos depois do desaparecimento de Akhenaton. Não existe segurança quanto a isso. As datas bíblicas são imprecisas e as egípcias também. C.W. Ceram fez uma comparação bastante elucidativa em *Deuses, túmulos e sábios*. Disse Ceram:

"Imagine-se que tentássemos extrair uma cronologia razoavelmente certa da história do Ocidente pelas inscrições dos nossos edifícios públicos, pelos textos dos padres da Igreja e pelos contos dos Irmãos Grimm. Os arqueólogos encontraram-se diante de uma tarefa assim, quando fizeram as primeiras tentativas de reconstituir a sequência cronológica da história do Egito".

Os arqueólogos debateram e ainda continuam debatendo sobre a exatidão das datas dos acontecimentos do Egito. Pediram o auxílio aos astrônomos e matemáticos para comparar calendários e ocorrências celestes, fizeram e refizeram cálculos e, ainda assim, não existe certeza absoluta a respeito da cronologia. As certezas são aproximadas. Quase nada é classificado como "certamente", quase tudo fica por conta do "provavelmente".

Moisés provavelmente foi um sacerdote de Akhenaton. Talvez fosse um governante de província no Alto Egito, onde viviam os hebreus e os hicsos. Depois de dezessete anos, o regime de Akhenaton chegou ao fim. O faraó foi abandonado em sua reluzente capital. Todos o deixaram, inclusive a rainha Nefertiti, que ele tanto amava. Akhenaton morreu não se sabe em que circunstâncias. Houve então um período de confusão, e é possível que Nefertiti tenha reinado por quatro anos. Os arqueólogos suspeitam que, na ânsia de se manter no posto, ela tenha pedido auxílio até aos velhos inimigos dos egípcios, os hititas. Mas Nefertiti não foi tão bem-sucedida quanto Hatshepsut. Ela acabou afastada e quem assumiu o poder foi o legítimo sucessor de Akhenaton, seu genro Tutancaton, nome que significa "Imagem viva de Aton". Como os tempos eram outros, o faraó trocou o nome providencialmente para Tutancâmon, obviamente "Imagem viva de Amon". E se empenhou em varrer o nome de Aton e do seu antecessor da História. Como fora feito com Hatshepsut, Tutancâmon mandou destruir monumentos e raspar imagens do sogro herético das paredes dos edifícios. Os velhos sacerdotes haviam vencido. O Egito voltou aos seus antigos cultos.

Imagine agora em que triste situação viram-se os fiéis seguidores de Akhenaton e do deus Aton. O faraó estava morto e a religião que eles professavam era perseguida pelos novos donos do poder. Assim devia estar se sentindo Moisés. Não havia mais futuro para ele no Egito. Se ficasse, seria um pária. Isso, é claro, se sobrevivesse à vingança dos sacerdotes dos velhos deuses.

Qual era a saída?

A saída era, exatamente, sair.

Moisés decidiu sair do Egito. Mas o que é feito de um pastor sem suas ovelhas? Moisés precisava de seguidores, e ele os tinha: os hebreus. Esse povo que, segundo a lenda bíblica, entrou no Egito através de José e seus irmãos e que, segundo os indícios históricos, estabeleceu-se no Alto Egito no tempo das invasões estrangeiras e da conquista dos hicsos, esse povo agora estava transformado em escravo. Os hebreus, portanto, nada perderiam se saíssem do Egito. Por isso, esse foi "o povo escolhido". O povo escolhido por Moisés para que a crença no deus Aton vicejasse alhures.

Nomes significam muito. Não por acaso, o nome do deus Aton soa como o hebraico Adonai, ou como o fenício, e também grego, Adônis.

Adônis era um pastor tão atraente que a própria Afrodite, a deusa do amor, se apaixonou por ele. É como se você conquistasse a Catherine Deneuve em seus tempos de horário nobre. Os deuses todos, naturalmente, eram loucos por Afrodite, mas ela só queria saber de Adônis. Isso despertou o ciúme de Ares, o que não era nada saudável – Ares era ninguém menos do que o deus da guerra. Furioso, Ares transformou-se em javali e atacou Adônis, ferindo-o de morte. Afrodite correu desesperada a fim de socorrer o amante. Na pressa, rasgou a carne divina nos espinhos de uma roseira. Até então, só existiam rosas brancas, mas o sangue de Afrodite enamorada derramou-se sobre a flor, fazendo nascer, assim, as rosas vermelhas da paixão.

Os velhos gregos eram uns românticos.

Já Adonai, para os hebreus, é simplesmente "Senhor", porque o deus mosaico é inominável. Segundo a Bíblia, Moisés teria travado conhecimento com esse deus misterioso ao residir em Madiã, localidade incrustada no fervente deserto da Arábia. Moisés foi para aquele lugar inóspito por ser fugitivo da lei – ele havia assassinado um feitor do faraó durante uma briga e temia as represálias. Em Madiã, Moisés conheceu uma moça chamada Séfora, nome que, você sabe, designa uma famosa rede de cosméticos francesa dos tempos modernos. Enfim, a Séfora que encantou Moisés devia ter lá seus atrativos, ou não teria inspirado os franceses modernos.

Moisés se casou com Séfora e teve dois filhos, Gérson e Eliezer. O sogro de Moisés, pai de Séfora, avô de Gérson e Eliezer, chamava-se Jetro, nome com que, milhares de anos depois, foi batizado um bebê da família inglesa Tull. Esse bebê cresceria, viraria agricultor e, no fim do século XVII, inventaria a semeadeira, com o que se tornaria razoavelmente conhecido na Inglaterra. Foi inspirado nele, e não no sogro de Moisés, que jovens músicos britânicos nomearam sua banda de rock nos anos 60, com a qual fariam bom sucesso e venderiam milhões de discos.

Mas, voltando ao Jetro original, ele era sacerdote do deus inominável de Madiã. Foi Jetro quem iniciou Moisés nesse novo culto. E Moisés, tendo perguntado ao deus como ele se chamava, ouviu a resposta trovejante: "Eu sou aquele que sou!"

Ninguém podia saber o nome do deus ou ver-lhe o rosto.

Moisés fundiu a religião de Jetro com a de Akhenaton e, dessa forma, fundou o judaísmo.

O ato fundamental da nova religião, o que de fato a tornaria diferente de todas as demais até então, foi encenado no Monte Sinai: foi a promulgação dos Dez Mandamentos. E, a exemplo da lenda do Dilúvio e da lenda do nascimento de Moisés, que os hebreus tomaram dos mesopotâmios, os Dez Mandamentos também tiveram origem em crenças mais antigas. Moisés colheu as leis hebraicas dos próprios egípcios. Está no *Livro dos mortos*: depois do passamento, o falecido se apresenta ao Tribunal Divino. É conduzido por Maet, deusa da Verdade e da Justiça, a um salão onde o esperam 42 deuses-juízes. O juiz presidente do Tribunal é o grande Osíris, o deus dos mortos. Esse número, 42, não aparece por acaso: é o mesmo número de nomos, as províncias que se estendem ao longo do Nilo e que formam o país.

O coração do morto, então, é posto no prato de uma balança. No outro prato está uma pena. O coração deve ser mais leve do que a pena para que o morto seja admitido no reino de Osíris. Tal leveza só é alcançada se o morto provar que, em vida, não cometeu nenhum de vários pecados, entre eles:

Não matou nem mandou matar.
Nunca fez ninguém chorar.
Nunca espionou.
Não blasfemou.
Não praticou atos obscenos no lugar puro do templo.
Não roubou na pesagem dos cereais.
Não cometeu adultério.
Não negou roupa a quem não tinha.
Não recusou a barca a quem não possuía.
Não negou sepultura a quem não tinha parentes.

Não negou pão a quem tinha fome, nem água ao sedento.

Não fazer ninguém chorar, não cometer adultério, não blasfemar... Era uma lista longa e exigente, difícil de cumprir. Mas, se o morto se expressasse com confiança e voz firme, a ponto de convencer os juízes, ele seria promovido à vida no Além. Caso contrário, seria devorado por um monstro terrível chamado Amêntis, com cabeça de crocodilo, corpo de leão e cascos de hipopótamo, um bicho muito feio.

Moisés adaptou esses mandamentos, reduzindo-os a dez e acrescentando um, o primeiro: "Amar a Deus sobre todas as coisas". Foi um genial lance de marketing. O número redondo, dez, é perfeito para ser decorado pelo crente mais simplório. Funcionou tão bem que até hoje serve de exemplo para quem quer que deseje instituir regras em qualquer parte do mundo. E o primeiro mandamento, tido como o mais importante, é garantidor dos demais: se o fiel ama a Deus sobre todas as coisas, respeitará os outros nove mandamentos.

Na instituição dos Dez Mandamentos está fincada a formidável façanha de Moisés e dos hebreus. Não é o monoteísmo. Até porque o monoteísmo foi derrotado no Ocidente. A mais importante religião ocidental, o cristianismo, é francamente politeísta, embora não o admita. As divindades cristãs são comandadas por um triunvirato, Pai, Filho e Espírito Santo. Abaixo desses, foi recuperada a antiga deusa dos tempos do matriarcado, do nomadismo e das religiões orientais, como o mitraísmo. A Virgem Maria assume formas, tamanhos e cores conforme o povo que a adora. A relação de "Nossas Senhoras" é imensa e desconcertante: Nossa Senhora Aparecida, N. Sra. Medianeira, N. Sra. da Achiropita, N. Sra. da Anunciada, N. Sra. Auxiliadora, N. Sra. Balsamão, N. Sra. Consolata, N. Sra.

da Abadia, N. Sra. da Agonia, N. Sra. da Almudena, N. Sra. da Assunção, N. Sra. da Aurora, N. Sra. da Batalha, N. Sra. da Boa Viagem, N. Sra. da Boa Morte, N. Sra. da Esperança, N. Sra. da Cabeça, N. Sra. da Cadeira, N. Sra. da Conceição, N. Sra. da Candelária, N. Sra. da Divina Providência, N. Sra. da Evangelização, N. Sra. da Estrada, N. Sra. da Glória, N. Sra. da Guia, N. Sra. da Luz, N. Sra. da Misericórdia, N. Sra. d'Oropa, N. Sra. da Paz, N. Sra. da Penha, N. Sra. da Piedade, N. Sra. da Revelação, N. Sra. da Soledad, N. Sra. da Ternura, N. Sra. da Vitória, N. Sra. das Candeias, N. Sra. das Dores, N. Sra. das Lágrimas, N. Sra. das Graças, N. Sra. das Mercês, N. Sra. das Necessidades, N. Sra. das Neves, N. Sra. das Vitórias, N. Sra. das Três Mãos, N. Sra. das Três Espigas, N. Sra. de Caacupé, N. Sra. de Mont Serrat, N. Sra. de Fátima, N. Sra. de Fourviere, N. Sra. de Guadalupe, N. Sra. de Kazan, N. Sra. de La Salette, N. Sra. de Loreto, N. Sra. de Lourdes, N. Sra. de Nazaré, N. Sra. de PUY, N. Sra. de Shoenstatt, N. Sra. Desatadora dos Nós, N. Sra. do Bom Parto, N. Sra. do Bom Sucesso, N. Sra. do Bom Despacho, N. Sra. do Brasil, N. Sra. do Carmo, N. Sra. do Desterro, N. Sra. do Divino Amor, N. Sra. do Doce Beijo, N. Sra. do Milagre de Salta, N. Sra. dos Anjos, N. Sra. dos Navegantes, N. Sra. do Patrocínio, N. Sra. do Perpétuo Socorro, N. Sra. do Pilar, N. Sra. dos Trinta e Três, N. Sra. Mãe da Eucaristia, N. Sra. Mãe dos Homens, N. Sra. Menina, N. Sra. do Horto, N. Sra. do Rosário, N. Sra. Rosa Mística, N. Sra. Sete Dores, Santa Maria a Mare, Mãe Três Vezes Admirável, Estrela da Manhã-Maris Stella e outras tantas Nossas Senhoras providenciais e funcionais.

Depois da deusa poderosa, marcha uma legião de semideuses responsáveis por cada dia e cada área da atividade humana, santos a mancheias, dez mil deles, santos para profissões, cidades e estados, santos que curam e que fazem casar, santos para cada eventualidade da existência. Você precisa de um santo contra o abuso físico? Invoque santa Louise de Marillac ou santa Fabíola. Tem medo de morrer afogado? Reze para são Adjutor. São Paulo, além de ter sido o maior patriarca da Igreja, protege contra câimbras e picadas de serpentes variadas. São Vito vela pelos dançarinos e são Polycarpo cura dor de ouvido. Se você está endividado, ponha uma imagem de santo Expedito na carteira que logo o dinheiro virá. Não há um nem dois, mas três santos que ajudam a encontrar objetos perdidos: são Donato, são Bento e são Longuinho. Se você está em alto-mar e sente enjoo, levante os olhos para o céu e ore a são Elmo. As erupções vulcânicas são prevenidas por santa Agatha. Contra o furto, nada melhor do que a proteção de são Leonardo. Estourou um furúnculo? A solução é santo Antônio Abade. O santo dos solteiros é são Theobaldo, e santa Adelaide protege quem casa pela segunda vez. Já as pobres viúvas, sempre tão visadas, precisam de fato da cobertura de três santas: Paula, Clotilde e Fabíola. E os viúvos, menos frágeis, têm a olhar por eles apenas um: são Rei Edgar, o Pacífico.

O cristianismo é a nova vitória dos tradicionais sacerdotes egípcios. É a vitória do politeísmo. Mas há algo da religião mosaica que o cristianismo carrega, mesmo que se debata contra. Há algo grudado na pele do homem ocidental. Algo que vem daquele tempo, e que é a grande façanha dos hebreus:

A culpa.

Com o estabelecimento dos Dez Mandamentos, os hebreus inventaram o pecado e, com a invenção do pecado, inventaram a culpa. Antes, os deuses só reivindicavam um sacrifício humano ou animal, e pronto. O crente conquistava as benesses da divindade, tudo estava resolvido. Não havia considerações morais nem obrigações comportamentais.

Com os Dez Mandamentos, tudo mudou. Com os Dez Mandamentos, tornou-se necessário portar-se bem em sociedade, não matar, não roubar, não cobiçar a mulher do próximo. Aquilo que, para os egípcios, era uma vaga exigência que seria apurada no pós-morte transformou-se em norma de vida. Se o crente não obedecesse aos mandamentos, seria punido; se obedecesse, seria recompensado. E a punição e a recompensa se dariam durante a vida.

Foi uma conquista da civilização. Porque a civilização só funciona se houver coerção de comportamento. Para viverem juntas, em um só lugar e em grande quantidade, as pessoas precisam fazer renúncias. Agora vou repetir algumas das perguntas que fiz lá atrás, há quinze capítulos: se você não for visto, se o longo braço da lei não o alcançar, o que o impede de matar o homem que se interpõe em seu caminho, o que o impede de possuir a mulher que desejar, quando e onde bem entender, o que o impede de tomar o carro que você cobiça e sair rodando por aí? A sua consciência? Como foi formada a sua consciência? Você não nasceu com ela, alguém lhe disse o que era certo ou errado. E quem disse a essa pessoa o que é certo e errado? Quem diz que é preciso reprimir o instinto?

Deus.

Deus disse a Moisés, ao sopé do Monte Sinai, o que era errado. Imprimiu, com seu dedo de fogo, os Dez Mandamentos em duas tábuas de pedra. Se o homem não obedece a um mandamento, desobedece a Deus; se desobedece a Deus, comete um pecado. E sente culpa.

A culpa é a argamassa da civilização. Se o homem não sente culpa, ele pode fazer o que quiser. Se fizer o que quiser, não poderá viver com os outros. Não haverá civilização. A civilização depende da coerção dos instintos. Depende da culpa.

Entre os hebreus, a culpa foi especialmente vitoriosa. Por quê? Freud defendia a tese do pai primevo. O pai primevo existiu, obviamente, em épocas primevas, antes inclusive da pré-história, num tempo bárbaro em que a linguagem mal começava a se desenvolver. Nesse tempo, os grupos humanos eram pequenos, algumas poucas dezenas de integrantes, talvez menos. Entre esses, havia um macho poderoso e dominador.

O pai primevo.

Esse líder "usava" sexualmente, por assim dizer, todas as mulheres do bando, inclusive filhas e irmãs, sem discriminação. O que é bastante lógico. Afinal, qual é a razão do interdito universal do incesto? Por que o chamado sexo endogâmico é proibido? Alguém pode citar as possíveis distorções genéticas causadas pela continuada reprodução interfamiliar, mas nossos ancestrais decerto não possuíam esse conhecimento científico. Então, o pai primevo reservava a si as mulheres todas e, para impedir a concorrência dos filhos adultos, ele, não raro, os castrava. O que, convenhamos, é desagradável.

Chegou um dia, porém, em que o pai primevo já não detinha a força de outrora. Ele envelheceu e perdeu a antiga energia. E aconteceu de os filhos se revoltarem. Eles se uniram, mataram o pai primevo e o devoraram cru.

Nesse parricídio primordial está a origem de diversas neuroses humanas. E também de diversos costumes de difícil explicação. Porque o pai primevo, como todos os pais, exercia um papel dúbio no espírito dos filhos. Assim como era temido, era admirado. Assim como era evitado, era imitado.

Vem desse período imemorial as seguintes heranças psicológicas:

1. A proibição do incesto, que seria uma renovação da aliança dos filhos rebeldes;

2. A rejeição ao canibalismo, numa autocensura pelo fim que coube ao pai original;

3. Até mesmo a exigência da circuncisão adotada por diversos povos, que seria uma lembrança da castração impingida pelo pai primevo aos filhos. No caso dos hebreus, a circuncisão, um evidente símbolo da castração, seria uma recuperada sujeição ao pai. Ou a Deus.

O assassinato do pai primevo resistiria na consciência de todos os homens, eternamente, como uma culpa primordial. O canibalismo dos filhos seria representado, hoje, pela comunhão cristã, em que os fiéis comem a carne e bebem o sangue do seu deus. Ou seja, do pai. Para Freud, no caso dos hebreus essa culpa teria sido potencializada porque eles poderiam ter assassinado Moisés durante o êxodo. Era no que acreditava Freud.

Bem.

As teses do assassinato de Moisés e do pai primevo são bastante sofisticadas e interessantes, mas nem é preciso recuar tanto no tempo, nem aceitá-las, para compreender o sucesso da culpa entre os hebreus. Basta imaginar quem eram os hebreus que saíram do Egito e quem era o homem que os levou deserto afora. Os hebreus eram escravos e Moisés era sacerdote de um deus caído, de uma religião derrotada. Ficaram, os hebreus e Moisés, vagando durante quarenta anos pelo deserto, sofrendo com fome e sede, vivendo mal, sendo atacados por bandoleiros e feras selvagens. Decerto, sentiam-se perdedores.

Certo. Agora responda: se você acredita que é um filho de Deus, que é uma pessoa protegida pela divindade, e se, ainda assim, você sofre, por que você sofre? Qual é a razão desse sofrimento? Ora, o Deus-Pai gosta de você e pode defendê-lo, mas você é um derrotado, é oprimido e passa por dificuldades. Por quê?

Obviamente, porque você é um pecador. Você é culpado, não Deus.

No ano de 1219, depois de massacrar os 30 mil defensores da cidade de Bucara, na Ásia Central, Gengis Khan encurralou os sobreviventes na mesquita principal, postou-se diante deles e discursou:

– Eu sou o Flagelo de Deus. Se vocês não tivessem cometido grandes pecados, Deus não lhes teria mandado uma punição como eu.

Em seguida, passou todos a fio de espada.

O Flagelo de Deus. Não por acaso, Átila, o rei dos hunos, empregava esse mesmo apodo. O que eles queriam dizer era que o sofrimento que impingiam era causado pelo próprio sofredor. Eles sofriam porque mereciam sofrer. Porque haviam pecado.

A função do pai é essa. É punir. A Deusa-Mãe, bondosa e condescendente, foi derrubada, e em seu lugar os hebreus puseram um Deus-Pai. Um pai amoroso e severo, que pune e recompensa, que tudo vê e tudo julga, mas que, ao mesmo tempo e contraditoriamente, tudo permite ao chamado livre-arbítrio humano. O que o exime, a ele, Deus-Pai, de um tanto de responsabilidade por todo o mal que existe debaixo do sol.

O homem sofre porque peca.

Um povo sofredor como foi o povo hebreu precisava acreditar nisso. Se não acreditasse, como suportar a vida?

A noção da culpa e do pecado é tão poderosa e tão providencial para a civilização que foi recuperada pelo cristianismo na forma do Pecado Original.

Santo Agostinho, o grande teórico do catolicismo, foi o grande teórico do Pecado Original. Escreveu ele, nas sombras do século V: "O Antigo Pecado: nada é mais obviamente parte de nossa pregação do cristianismo".

Lembrava, Agostinho, da Queda do Paraíso. Ao desobedecerem a Deus, comendo o fruto proibido, Adão e Eva se haviam envergonhado e coberto sua genitália com folhas de figueira. "Ecce unde", concluiu Agostinho, vitorioso. "Eis o lugar. É por esse lugar que o primeiro pecado é transmitido".

Agostinho dizia que o homem deve lutar contra a sua "multidão premente de desejos". Isto é: o homem deve se reprimir. Coagir seus instintos. Renunciar.

Quando o homem renuncia aos seus instintos, ele agrada a Deus. E é recompensado. Assim foi forjado o cristianismo de Agostinho. Assim foi forjada a civilização ocidental. Essa a monumental façanha de Moisés e do povo hebreu. Saídos do Egito, arrastaram suas sandálias pelo deserto com a alma carregada de culpa. Essa culpa os uniu perante os séculos, essa culpa eles transmitiram aos outros povos. Quando a culpa judaica começava a tomar forma teórica e a ser transformada no livro da Bíblia, ou seja, quando o povo de Israel começava, de fato, a se transformar no "povo do livro", quando isso se dava, com os profetas do século VII a.C., outros dois extraordinários povos da Antiguidade, os romanos e os gregos, também iniciavam suas trajetórias de glória. O pecado judeu e o pensamento grego seriam disseminados, depois, pelo prático e funcional Império Romano. Desses três povos nasceu o Homem Ocidental Moderno, mas essa é outra história a contar. Por ora, fiquemos com os hebreus vagando no deserto, conduzidos pelo grave Moisés, macerando a alma com sua culpa ancestral, produzindo as bases da civilização moderna. Foi ali que tudo começou. É olhando primeiro para aquele lugar e para aquele povo, é se voltando para aquele tempo remoto que podemos compreender um pouco do tanto que hoje somos. Aqueles homens de um passado extinto é que começaram a forjar o homem do presente que explode a cada dia. E os homens dos dias que ainda virão.

Sobre livros

Este livro foi escrito durante quatro anos, mas sua concepção só se deu graças a quarenta anos de leituras. Deveria citar centenas de obras que me ajudaram em cada capítulo, mas algumas são especiais. Cito-as abaixo, penhorado.

História da civilização, de Will Durant. Tenho 23 volumes encadernados em couro tingido de vermelho, publicados pela Companhia Editora Nacional. É um livro maravilhoso no conteúdo e na forma. Will Durant, que morreu em 1981, era um mestre, um erudito que comunicava seu conhecimento com leveza e elegância.

Outro livro de Durant que muito me ajudou e ajuda é *História da filosofia*, que se transformou em best-seller nos Estados Unidos.

A Time-Life lançou uma coleção preciosa nos anos 80, *História em Revista*, que foi publicada pela Abril em volumes copiosamente ilustrados. Vale a pena ter essa joia em casa.

Obviamente, a Bíblia Sagrada dos cristãos foi fundamental para boa parte deste volume, bem como a Bíblia Hebraica.

Para a história do povo judeu usei, com prazer, dois livros mais do que todos: *História dos hebreus*, de Flávio Josefo, e a coleção *Judaica*, dez alentados volumes de diversos autores, principalmente *O povo judeu e o pensamento judaico*, de Robert M. Seltzer.

Para a história dos egípcios, *O Egito dos Faraós*, de Federico Arborio Mella, é imprescindível. Também foram importantes *Egipto – pessoas, deuses, faraós*, de Rose-Marie e Rainer Hagen; *Akhenaton, o rei herege*, de Naguib Mahfuz; *O Nilo – uma biografia*, de Emil Ludwig; *A vida cotidiana no Egito*, de Pierre Montet; *Egito Antigo*, pequeno livro de Sophie Desplancques lançado pela Coleção Pocket da L&PM; de Howard Carter, *O tempo redescoberto* e *A descoberta da tumba de Tut-Ankh-Amon*, este em conjunto com A. C. Mace, tradução de Eduardo Bueno, Editora Mercado Aberto; e, é claro, *História*, de Heródoto.

O segredo dos hititas, de C. W. Ceram, também é importante para conhecimento de uma parcela da história egípcia. Esse mesmo autor (grande autor) escreveu um clássico: *Deuses, túmulos e sábios*. Quem quer que se interesse por arqueologia precisa ler essa obra.

Da formidável obra de Sigmund Freud, dois livros são centrais para este volume que você tem em mãos: *Moisés e o monoteísmo* e *O mal-estar na civilização*. São livros saborosos, além de profundos.

Para se ter uma ideia abrangente da história do homem são bastante úteis: *História Universal*, de H. G. Wells; *A prodigiosa história da humanidade*, de André Ribard; *A grande história*, de Cynthia Stokes Brown; *A história do homem*, de Cyril Aydon; *Os investigadores* e *Os descobridores*, ambos de Daniel L. Boorstin; *A história da raça humana*, de Henry Thomas; e *Uma breve história do mundo*, de Geoffrey Blainey.

Para a história do Oriente Próximo abeberei-me de *História da Antiguidade Oriental*, de Mario Curtis Giordan; *Mesopotâmia – a invenção da cidade*, de Gwendolyn

Leick; *100 textos de história antiga*, de Jaime Pinsky; *História antiga do Oriente Próximo*, de H. R. Hall.

Muitos outros livros foram importantes, tanto os de literatura, como o extraordinário *Em busca do tempo perdido*, de Proust; ou a quadrilogia de *José e seus irmãos*, de Thomas Mann, tradução de Agenor Soares de Moura, Editora do Globo; além de, claro, a *Odisseia*, mãe de todas as narrativas, o magnífico *A história da arte*, de Ernst Gombrich, o último livro de Schopenhauer, *Parerga e paralipomena*, sem esquecer da bela biografia de santo Agostinho escrita por Peter Brown, mas aí seria um desfiar incessante de títulos que pouco interessaria ao leitor. O próximo volume deste livro, que já está sendo preparado, terá mais indicações e comentários bibliográficos.

Índice remissivo

D

E

H

I

J

K

L

N

O

P

Q

R

S

T

IMPRESSÃO:

GRÁFICA EDITORA
Pallotti
IMAGEM DE QUALIDADE

Santa Maria - RS - Fone/Fax: (55) 3220.4500
www.pallotti.com.br